Never Work Harder Than Your
Students and Other Principles of Great Teaching

教学可以很简单

高效能教师轻松教学7法

[美]罗宾·R.杰克逊（Robyn R. Jackson）著

来自美国
托马斯杰斐逊中学 惠特尼中学 布里尔利学校
等著名学校的权威建议

中国青年出版社
CHINA YOUTH PRESS

图书在版编目(CIP)数据

教学可以很简单：高效能教师轻松教学7法/（美）杰克逊著；李端红译.
—北京：中国青年出版社，2013
ISBN 978-7-5153-1445-7

Ⅰ.①教… Ⅱ.①杰…②李… Ⅲ.①教学法 Ⅳ.①G424

中国版本图书馆CIP数据核字（2013）第031479号

Translated and published by China Youth Press with permission from ASCD. This translated work is based on Never Work Harder Than Your Students and Other Principles of Great Teaching by Robyn R.Jackson. © 2009 ASCD. All Rights Reserved. ASCD is not affiliated with China Youth Press or responsible for the quality of this translated work.

Chinese translation copyright © 2013 by China Youth Press
All Rights Reserved.

教学可以很简单：高效能教师轻松教学7法

作　　者：	〔美〕罗宾·R.杰克逊
译　　者：	李端红
责任编辑：	肖妩嫔
美术编辑：	靳　然
出　　版：	中国青年出版社
发　　行：	北京中青文文化传媒有限公司
电　　话：	010-65511270/65516873
公司网址：	www.cyb.com.cn
购书网址：	zqwts.tmall.com　www.diyijie.com
印　　刷：	大厂回族自治县益利印刷有限公司
版　　次：	2013年5月第1版
印　　次：	2019年4月第5次印刷
开　　本：	787×1092　1/16
字　　数：	150千字
印　　张：	12.5
京权图字：	01-2012-7616
书　　号：	ISBN 978-7-5153-1445-7
定　　价：	39.00元

版权声明

未经出版人事先书面许可，对本出版物的任何部分不得以任何方式或途径复制或传播，包括但不限于复印、录制、录音，或通过任何数据库、在线信息、数字化产品或可检索的系统。

中青版图书，版权所有，盗版必究

目录
CONTENTS

前言　掌握教学规律，才能创造出与众不同的
　　　教学成果…………009

第1章　一切从学生出发……………………………019
发现学生的潜力…………020
深入体会学生的感受…………023
帮助学生获取真正有价值的知识…………024
你对学生的期望合理吗…………026
学生拥有良好课堂表现的8个关键要素…………029
"工作袋"练习法…………031
帮助学生获得更多的学习技能…………031
锻炼学生应对多种环境的能力…………033
课堂团队的强大力量…………039

用学生在乎的东西来奖励他们…………042

教会学生多角度思考问题…………047

第 2 章　知道学生要去哪儿…………051

为什么要设立学习目标…………052

向学生强调目标的重要性…………054

大目标，小目标…………055

依据教学标准来选择不同的学习目标…………056

内容性目标与过程性目标…………057

如何让学习目标变得切实可行…………059

设立最低目标…………062

如何判断学生达到了学习目标…………065

学习活动要与学习目标匹配…………068

老师如何安排教学目标…………070

鼓励学生写下自己的目标…………073

第 3 章　如何教出优质学生…………075

对学生抱有高期望…………076

让学生取得最大的进步…………080

老师应该提高对自身的期望值…………082

相信自己能转变学生…………086

坚信你所从事的工作很重要…………088

不要企图控制学生…………090

问正确的问题，做出正确的决定…………092

如何面对教学不理想的事实…………095

教学中应遵循的准则…………096

第4章　为学生提供有力的支持…………099

学生到底怎么了…………100

老师与学生之间的知识偏差…………101

教学也需未雨绸缪…………102

有效的补习计划…………103

预测学生会遇到的困难…………105

找出学生感到困惑的原因…………107

如何让学习变得清晰明了…………111

帮助学生要适度…………115

优秀的学生也需要帮助…………116

让学生来纠错…………117

第5章　使用有效的反馈…………121

如何更好地提高教学效果…………122

考试的真正意义…………123

给予学生有效的反馈…………124

评估学生的学习表现…………125

巧用反馈信息改善教学方法…………128

要求学生记录自己的成绩…………131

教学生如何看待成绩…………131

如何让反馈充满创意…………133

鼓励学生犯错…………136

托德老师的高效课堂…………138

第6章 注重质量，而不是数量……………………141

教学贵在少而精…………142

高效能教师轻松教学的诀窍…………145

合理布置作业…………147

避免全盘灌输的模式，采用灵活的课程模式…………149

当学生跟不上时，怎么办…………152

平衡必要知识与补充知识…………155

如何提升学生的学习力…………157

如何安排教学的优先级…………157

专注分散练习…………158

西尔维娅老师的教学经验…………159

第7章 轻松应对教学难题……………………163

不要代替学生学习…………164

老师要有界限感…………167

让学生独立解决问题…………*169*

划分课堂任务…………*172*

让学生自觉完成学习任务…………*173*

让学生承担相应的后果…………*178*

老师也要学会放手…………*180*

第 8 章　如何成为高效能教师 …………… *185*

轻松教学的真谛…………*186*

坚持的力量…………*189*

与搭档共同进步…………*189*

寻求导师的帮助…………*190*

做真正的自己…………*190*

一步一个脚印…………*191*

做真正紧要的事情…………*191*

真正的改变需要时间…………*192*

结语　高效的老师会让学生成为高效的学习者…………*193*

前 言
PREFACE

掌握教学规律，
才能创造出与众不同的教学成果

我非常喜欢上贝恩博士的英语课。在他的课堂上，虽然我们会学习一些过去式、主格性谓语等单调乏味的知识，但贝恩博士解读知识的方式非常独到。他就像神奇的魔术师，能用魔法棒开启语言的秘密。我绝不是在开玩笑！通常，我们会在他的课堂上全神贯注地听上九十分钟，甚至会进入忘我的境界。

我们如此认真，并不仅仅因为他引人入胜的上课方式，而是因为他让我们觉得自己很聪明。他总是问一些有趣的问题，引导我们自己去发现答案。在他的课堂上我总是怀着崇拜的心情。

在他的课堂上，我明白了，原来教学可以很简单——简单地幽默、简单地引导！

* * *

和莎拉谈了五分钟之后，我就意识到她是一位高效能教师。当她谈到她是如何逐渐了解每一位学生、如何调整教学方式以适应学生的需求时,我发现她的眼睛中迸发的激情。她对教学的深切热爱让她全身心地投入教学。面试只进行了不到二十分钟,我就决定聘用她。

那一瞬间,我明白了,原来教学可以很简单——简单地热爱、简单地投入!

※ ※ ※

当我走进一间教室,看到教师面对一群躁动不安的学生仍然能满怀热情时,我觉得他们拥有化繁为简的"天赋"。很多年后,我终于明白这种"天赋"并没有我想象中的那么神秘莫测。事实上,成为一名高效能教师最关键的是要对良好的教学原则有着深刻而独到的理解。这是任何人都能做到的!

我的故事

当我刚从事教学工作时,我严谨地照搬书本上的东西。第一个月,我一直绷着脸,很少对学生微笑。我每天努力地写教案。如果学生在课堂上开小差讲小话,我就会采取严厉的惩罚措施。我想尽一切办法希望点燃他们的学习热情,提高他们的学习效率,凡是能想到的方法,我都会想方设法去实践。但是,这根本就没有什么效果。

很长一段时间,我甚至认为是自己缺少新的教学策略,才会导致教学上的这些问题。于是,我不断地搜罗那些所谓的教学策略。这些策略有时的确有效,但有时却收效甚微。不管怎样,我的工作进行得非常艰难!实际上,我不仅比我的学生更加辛苦,而且我的教学成效也越来越差。

尽管我的学生仍旧十分努力，但他们始终觉得课堂沉闷而乏味。老实讲，我真的怀疑他们在课堂上是否学到了知识。最终，我不得不开始自暴自弃地认为我可能需要更多的时间、更聪明的学生、更能提供支持的家长、更强的课堂掌控力以及更多的钱。在不断的碰壁之后，我甚至认为我需要能中彩票那样的好运气——尽管我并不买彩票。

尽管如此，我最终还是决定改变自己所处的糟糕状态。于是，当我得知某个教师在教学上取得骄人的成绩时，我会详细请教他们运用了哪些有效的教学手段。当我看到一篇优秀的教学文章时，我会主动与作者探讨一些我感兴趣的问题。我甚至经常参加各种教学研讨会。我仔细观察每一位成功的教师，并力图发现他们取得成功的诀窍。

与此同时，我还在努力尝试寻找一些对学生有用的东西。我建立了一个网上社区，帮助学生锻炼自己的能力和独立意识。我创造性地布置了差异化学习任务。我经常查看和教学有关的数据和信息。我带着学生去旅行，以拓展他们的人生经验。很多时候，这些做法非常管用！但有些时候，它们也起不到什么效果，但我坚信这些做法至少没有任何坏处。

最终，我明白了教学根本不存在任何奇迹，也绝不是付出越多你就越能创造与众不同的教学成果。我开始反问自己为什么有些教学技巧有效果而有的却没有。很快，我就注意到，找到原因远比结果要重要得多，于是，我开始致力于弄懂那些对好的教学起到支撑作用的深层原因，而不是盲目地掌握更多、更好的教学策略。

我开始更多地去考虑我对学生和教学的态度和方式。我意识到我之前在课堂上所做的许多事情都是为了满足我自己的需求而设置的，最终目的并不是为了帮助学生的学习。以前，我希望我的学生变得越来越好，因为这样可以证明我是一个好老师。我希望我的学生成为一个成功的人,在领奖台上以这样的话结束自己的演讲辞:"我现在所拥有的一切都源自杰克逊博士,是她让我的生活变得与众不同。"因为我希望自己成为学生心中的英雄。正因为对自己存在着不切实际的幻想,所以一旦学生没有学到我希望他们学到的知识,我就非常沮丧。

一旦我懂得了这些并不是学生的问题——真正的问题其实是我对自己和教学存在着不切实际的想法,并不是学生不听话、不配合等不尽人意的行为举止——懂得了这些之后,我就能从更多的角度来看待学生和教学。我不再企图控制学生学习,而是将关注的焦点转移到教他们意识到学习的重要性以及如何进行更高效的学习上来。这让我空出了大量的时间进行真正的教学!

一年之后,我开始注意到,我的课堂发生了最根本的变化。因为我不再以我自己的需求来进行我的教学,撇开了这个压力,我就可以全身心地帮助学生学习他们真正需要的知识。当他们犯下错误或者遭遇失败时,我不会当面指责他们。相反,我会竭尽全力去帮助他们弄明白为什么会犯错,以及如何纠正自己的错误。

我明显察觉到,我的学生开始感到放松,他们询问各种问题,并试图去理解他们正在做的事情。当然,我也深信他们看到了我身上发生的改变——现在,我关注他们的成功。

我也洞察到了学生的基本能力,明白了学习本来就是一件较为艰难的事情。在这个过程中肯定会犯下一些错误。如果学生知道我在教学过程中敢于冒险,那么他们就会明白在学习过程中敢于冒险、敢于创新、敢于犯错是为老师所肯定和鼓励的,也会明白学习本身就是一件艰难、苛刻的事,但只要努力用心去做就一定会收获更多的回报。

这绝不是变戏法!事实上,曾经有过很长一段时间,我的学生也处于学习的糟乱状态,同时,我也被这种状态困扰了很久。我们并不是总能在下课铃声一响就按时结束课程。也曾经有过很长一段时间,我和学生总是灰心丧气地离开教室。在那些艰难的日子里,我总是不断地提醒我和我的学生,失败是学习本身不可避免的一个部分!我始终坚持这一理念,即使当教学看上去并不能起到很好的效果时,我依然一如既往地坚守。

所有的这些使得我的教学取得了与众不同的成功。突然,我意识到只要自己足够用心,教学其实可以很简单!

我想,如果我们不致力于应付考试,而是致力于帮助学生理解细胞的奇妙、提高书写能力等一些能让学生产生美好感觉的事情上,致力于思考我们为什么要教学,那么我们应对学生困难、布置家庭作业、安排考试、计划课程、进行班级工作等的方式都将得到奇迹般的转变。总之,这种想法将帮助我们把教学重点从一些细枝末节的琐事中转回到我们教学的真正对象——学生身上。

高效的教学

高效的教学并不是你所投入时间的多少,而是在这有限的时间里你都做了些什么。现在你明白了吧?高效的教学需要的是特别的、有目的性的练习。我们希望任何一位教师都能运用正确的练习以成为一名高效能教师,这本书也是围绕这样的期待撰写而成的。这本书将帮助你获得众多适合你的练习,你练习本书中方法的次数越多,你越能养成高效能教师的良好习惯。

高效能教师的习惯实际上指的是教师对于教学的习惯性的思维与行为倾向。一般而言,它是关于纪律、关于学生、关于教学的一种思维方式。这种思维方式能带来顺畅、高效且极具影响力的教学。很多的教师可能会存在这样的思维定式：为了成为一名好教师，我们必须知道所有问题的答案。我们专注于积累教学策略和教学技巧。一门心思地认为无论在课堂上发生什么事情，只要我们掌握了足够多的诀窍，我们就一定能应对那些意料之中或者意料之外的课堂问题。但是，高效能教师则深刻地明白：作为一名教师，知道所有问题的答案并不是最重要的，最重要的是弄清楚学生为什么要问这样的问题。好的问题所揭示出来的信息才是至关重要的。好好利用这些信息才能帮助学生获得更大的成功。

高效能教师懂得询问学生正确的问题，这种引导学生深入思考的问题，能提高学生的积极性，帮助他们自主地学习功课。高效能教师会花更多的时间去改善自己的问询技巧，而不仅仅是收集教学策略和技巧。

绝大多数教师都曾经有过这样的经历。当遇到问题时，他们总是迫不及待地想在第一时间找到解决的方法。然而，高效能教师则懂得冷静地分析问题，正确地定位问题，花更多的时间去思考问题为什么会发生的根源，而不仅仅是简单地寻找问题的解决方案。他们总是全面地思考问题。他们勇于承担属于自己的责任，同时不会去责备他人的错误和过失。因为他们清楚地明白苛责他人对寻找问题发生的根源没有任何帮助。如果问题恶化时，高效能教师会鼓起勇气积极应对，而当问题好转时，他们也非常乐意与他人一起分享成功经验，避免他人犯同样的错误。

要培养高效能教师的思维习惯，并不能一味地模仿他们的教学风格和方式，相反，你应该坚持适合自己的教学风格。同时，你还应该努力寻找能切合学生需求的教学风格和方式。高效能教师十分清楚，优秀的教学方法不仅仅只有一种，他们致力于寻找对自己和学生都十分管用的教学方式。

一天的教学结束后，绝大多数教师都变得精疲力尽，只想快点回家、批改作业、汇总成绩、备课，然后上床睡觉。我们很少花时间对我们的教学进行深刻的自我反省。但是，当你拥有高效能教师的思维习惯时，你就会明白：要提高和完善你的教学技巧，深刻的自我反省是非常关键的。高效能教师为了能够及时意识到他们可能存在的毫无根据的且极其有害的假想、及时纠正那些错误的问题、及时决定新的发展方向，他们总是有意识地对教学进行深刻的反省。不仅如此，他们甚至将反省视为自己日常生活中不可或缺的一部分。

如果我们中的所有教师都可以将优秀的教学变成自发的、无意识的行为，难道这不是一件非同寻常的事情吗？如果我们再也无需苦苦应对教学上的挑战了，难道这不是一件令人兴奋的事情吗？如果我们遇到一个教学难题时，能快速地、不假思索地在第一时间找到解决问题的方法，难道这不是一件让人赞不绝口的事情吗？总而言之,如果我们能像高效能教师那样去思考、去行动，那会是一件非常伟大的事情！

既然你选择了阅读本书，那么我希望它能激励你多近距离地观察你现在的教学，多反省你关于教学以及学生学习方式的现有的想法，多调整你的课堂制度，多提高你的教学领导力，只有这样，你才能让你的学生进步更快，学得更多。

高效的教学将有助于你改变以往对学生、对学习、对教学的思维方式。你的价值观将得到更好的发展和完善。你对你所教学科的兴趣以及对整个教学实践的兴趣将重新被激发。在这整个过程中，你将重新点燃作为一名教师的激情，因为你所做的一切真的能让学生的生命变得与众不同！最重要的是，你希望你找到属于自己的教学天赋，让你的教学变得更加轻松、愉悦！

致 谢
ACKNOWLEDGMENTS

尽管我很想把自己想象成一位仅仅用画板、颜料以及艺术家思维和视角就能创造出不朽杰作的画家，但是事实上，我不得不承认自己仅仅是一位创作抽象拼贴画的艺术家。我收集许多艺术家创作的作品，并将它们融合在一起。我希望它们所组成的整体能胜过它们自身。这本书就是凭借我生命中出现的那些杰出的人所给予我的灵感，而创作出的拼贴画。

我生命中出现的高效能教师——辛西娅·吉尔、汤姆·吉拉德、海伦·马歇尔、埃丝特·马托克斯以及马乔里·理查森——他们给予了我无限的智慧。和他们一起工作以及体验他们的课堂，也使得我成为了一名高效能教师。

数月以前，和我一起担任教学顾问的崔茜·汤森德、安妮特·拉特克·梅妮可使我深入懂得了教学工作的一些方法和技巧以及成为一名高效能教师的捷径。妮可·布朗、唐娜·雷蒙德、琼斯博士和沃尔达·瓦尔布恩不仅是我教学领域的同行，也是我私交甚好的朋友，是他们的支持使我在教学领域始终保持着专业性。迈克尔·扎奇恩和埃里卡·哈克，教会了我如何去更好地领导和管理一所学校。弗兰克·斯特森博士和斯蒂芬·贝德福德，他们真诚地给予了我很多的帮助，作为学校管理者和教师的我，在他们的帮助下找到了一条属于自己的正确道路。吉纳维芙·弗洛伊德博士和约翰·波特一直陪伴在我的身边，给予我无限的支持。拉希德·梅多斯、舍温·凯立特、琳达·费雷尔和劳伦斯·德加斯特，在我的整个教学过程中一直坚持不懈地提醒我要想成为一名真正的有眼界、有胆识的领导者应该如何去行动。

从桑娜·莱翁那里，我开始涌现出我的第一个想法。她在两年前提出的关于如何成为一名好教师的问题成为这本书在很多方面的起源。斯波克、柯克以及穆罕默德·阿里的建议启发我构建了本书的框架。

萨拉·卡杰德博士启发我将自己的想法、实践和研究写下来，并不断鼓励我去实现它。我从她那里获得了无穷的勇气。道格·希夫曼不求回报地给了我一些杰出的建议。当我对自己不那么肯定时，肖恩·怀特律师、梅莉萨和埃勒萨·布拉德利·伯恩斯对我充满信心，他们深信我一定能很好地完成它。

如果没有肯雅塔·D.格雷夫斯的建议，我不可能完成这本书的写作。他多次阅读这本书的初稿，并给出了许多弥足珍贵的意见；克莱尔·兰伯特提出了非常有见地的问题，帮我不断地修正和完善我的思想；非凡的女士们卡利奥普·黛安·麦凯克伦、苏卡·茨米勒、苏珊奥莉丝、卡茨·弥勒、科琳·科德斯、马蒂·卡茨和克里斯·因特哥利特，教会了我怎么流畅地写好这本书，并为我提出许多可贵的建议，才使得我的读者在阅读这本书时有更加完美的阅读体验。

我从斯科特·威利斯、杰尼·奥斯特塔格和德博拉·西格尔那里吸取了大量的智慧，ASCD出版社的编辑富有洞察力的评论，也帮助我有效地完善了这本书。他们在此书出版的过程中，给予了很多诚恳的指导，我深深地感谢他们为此付出的所有努力。

我的父母弗兰克和盖尔·杰克逊，我的妹妹谢里·杰克逊，我的叔叔达里尔·科尔伯特、鲍比·科尔伯特、格雷戈里·杰克逊，我亲爱的朋友们梅丽莎·科尔贝特、戴恩·纳尔逊博士、乔纳森·摩根、查尔斯和卡提娜·泰勒、戴勒丝和比尔·米勒，肖恩·罗宾逊以及教堂大家庭中的所有成员，他们是我精神上的归宿。他们的爱和鼎力支持，一直激励着我为实现自己的目标不断努力。

最后，谢谢多年来一直坚信我能帮助和支持他们的所有教师，是他们帮助我实现了我的目标。通过打开他们的教室，分享他们的故事，我一次又一次地体会到，为每个学生提供高质量的教育，这是一项最艰难、最重要、也最有成就感的工作。

总而言之，这些非常了不起的人给了我创作的灵感，给了我无数的支持和帮助，他们是你手上这本书所有思想的共同制造者。作为对他们付出的报答，我向他们致以最深切的感谢。

第1章

一切从学生出发

> 每一个学习者的知识都来自个人和社会的经历、情感、意愿、资质、信仰、价值观、意志等。换言之,如果你正在课堂上学习知识,你最终能理解这些知识的程度是由你理解知识的方式、你现有的知识储备以及由谁、如何传授知识等因素决定的。
>
> ——彼得·圣吉

发现学生的潜力

我曾经教过11年级的学生,班级绝大多数的学生在课堂上表现都非常棒,他们安静、恭敬而且懂礼貌,很符合我心目中的"好学生"的形象。

凯莎,一个聪明的学生,但她并不是我心目中的"好学生"。她经常迟到、大声喧哗、拖欠作业、因粗心而犯错。她很少在集体讨论中发言,也很少为班级体贡献自己的智慧和力量。最初,我尝试着去相信她,我鼓励她"你一定能做好这件事",我对她的作业进行详细讲解,并且邀请她在午休时间来我的办公室,给予她额外的帮助。我尽自己最大的努力相信她拥有很大的潜力。

但是,坦率地说,我并没有在她身上看到任何的潜力,我渐渐对我所付出的努力感到疲惫和沮丧。对我和她来说,每一天的课堂都是战场。有时,我要求她拿出铅笔做作业,她却环抱着双手,两眼紧盯着窗外。有时,我不得不主动去解决这种问题,我甜言蜜语地哄着她或者命令她去做功课,然而这种改变只是暂时的。很多时候,一件小事就可能引发我们之间的战争,事情总会变得非常糟糕,以至于我连送她去教导办公室接受思想教育的意愿都没有了。不过，话说回来，我感觉我们之间也没有不可容忍的冲突或者矛盾。当然，如果她想要失败，我也不会拦着她。

一天，当我们之间的冲突愈演愈烈时，她冲着我大喊："我恨你！"坦白地讲，我对她也忍无可忍了。

事后，我静下心反复思考，我慢慢地意识到，由于我很难掌控凯莎，因此我总是关注她的缺点，而不是她的优点。她并不符合我对好学生的想象和要求，因此我总是期望她失败。更为重要的一点是，因为我不能掌控她这件事让我感觉很没面子，所以我总是责备她。其实，如果我一开始就坦诚地承认自己不喜欢凯莎，是因为她对我的课堂根本就不感兴趣。我那么辛苦地为每一堂课做准备，那么努力地给她讲解那些我认为很有价值的知识，我付出了那么多的心血，她却将头杵在课桌上发呆。当然，有一点我可能忽略了，也许她遭遇了一些不好的而刚好我不知道的事情。

有一天，我正在向另一位老师辛西娅抱怨凯莎。我们都领教过她不合作的态度，也深知让凯莎主动学习是多么艰难的事情。谈话期间，我慢慢地认识到，虽然我们对凯莎都有相同的看法，也同样面临凯莎的挑战，但是，凯莎在我们两个人的课堂上的表现却大相径庭。事实上，最近凯莎不仅在辛西娅的班级完成了功课，而且还得了"B"。

"你知道这个孩子是有才气的，难道不是吗？"辛西娅评论道。

"是啊。"我哼了一声，"她那么有才气，以至于她在我班上表现得如此糟糕？"

辛西娅非常严肃地说："罗宾，我的意思是那个女孩是有才气的。"

我怀疑地看着辛西娅："才气？你在开玩笑吧！她在课堂上从来不及时完成作业，也不参与讨论，她只知道呆呆地坐在那里。不仅如此,她交上来的试卷到处都是语法错误。"我越说越生气。

"这些都无法推翻她是一个聪明孩子的事实。"辛西娅冷静地回答。

"当然,这些都能说明她不是一个明智的孩子。"我又开始辩解起来。不一会我就停了下来,我突然领会了辛西娅的话。

"你曾经和她沟通过吗?"辛西娅问道。

我摇摇头:"我怎么和她沟通?她总是和我过不去,简直不可理喻。"

"是的。那孩子很固执,脾气不好。"辛西娅面带微笑诚恳地说,"但是,你真的应该尝试着去了解她。"

"辛西娅,我有130名学生。我如果要深入了解每一个人,几个星期都不够呀。再说就算知道了她最喜爱的电视节目和她最喜欢的乐队,这对她的学习又有什么用呢?"

"你没必要带她出去吃午饭,或者周末去家访,你知道的。"辛西娅被我逗乐了,"我只是说,你需要看到她顽劣、固执、不合时宜的行为之外的能力和优点,你需要真正弄清楚她是谁以及她真正想要的东西。凯莎发泄她受压抑的情绪,是因为她没有找到更合适的方式来得到自己想要的东西。但是,如果你能够看到她顽劣之外的好品质,你会发现她能写一手好诗,能轻易说服他人,她很聪明。事实上,你要做的就是告诉她如何利用她的好品质,而不是继续刺激她放大自己邪恶的一面。"辛西娅眨着眼睛看着我。

我仔细回想了一下辛西娅的话。突然感到很惭愧,我们面对同样的凯莎,但我们眼中的她却截然不同。辛西娅是如何看到凯莎顽劣外表之外的能力和优点的呢?如果凯莎真的如辛西娅所说的那样出色,为什么在我的课堂上我却没有看到呢?

深入体会学生的感受

我们总是会遇到一两个我们根本无法看透的学生。如果情况更糟糕一点的话，我们甚至会遇到整个教室的学生都无心向学，不管我们如何调整教学方式，情况依旧得不到改善。我们一整年都在为此努力奋斗，希望能找到解决的办法。

许多教师都一致认为解决这一问题的最佳方法就是去了解你的学生。他们建议对学生做一系列的评估以及了解学生的兴趣爱好。虽然有可能管用，但仅仅这些方法是远远不够的。每一个学生都有自己的独立个性，因此我们不仅要学会用不同的方式来尊重学生的个性和能力，而且要尊重他们不同的文化背景，深入地了解学生的思想意识。

有些教师承认了解学生的兴趣爱好远远不足以真正了解学生。他们意识到学生的文化背景也同样重要，它极大地影响着学生的学习方式。许多学校管理者也深谙文化的力量，为此甚至要求教师专门安排一门课来学习文化在学习中的竞争力。但这类课程通常需要教师花六个星期才能掌握文化对学生的真正影响。

不仅如此，这种方法还可能会误导教师将学生的文化背景进行孤立地划分。事实上，我们的学生——我们所有的人——都是融多种文化于一身的结合体。世界上存在很多种文化，有种族文化（如拉丁裔、非洲裔、亚洲裔）、**地域文化**（如南方人、加利福尼亚人）、宗教文化（如穆斯林、基督教徒、印度教徒、犹太教徒）、社会文化（如运动员、理论家、演员）等等。如果我们试图把时间都花在了解那些对我们的学生产生影响的所有文化上面，我们将再也没有足够的时间进行教学。而且，即使我们克服重重阻力，了解了各种不同文化背景下的学生的所有喜好和特点，我们也无法在大量的信息中找到激励他们或者帮助他们学习的有效方法。

不可否认，学生的选择和学习受他们所接受的不同文化的影响。但是，老师并不能将注意力集中在了解学生文化的表面属性上，而是应该重点理解和掌握文化价值的真正意义。

了解学生最简单有效的方法就是怀揣着一颗关爱的心，感受每一位学生的感受，在课堂上和学生一起学习、耐心沟通、相互鼓劲，引领所有的力量来帮助学生学习。

帮助学生获取真正有价值的知识

了解你的学生并不仅仅意味着知道他们的家庭人口或者考试成绩，而且还意味着你要了解学生所拥有的知识，然后教会学生利用这些已有的知识去获取更多的知识。

学生需要掌握的知识包括内容性知识和程序性知识，比如，整数的概念和《大宪章》对现代政府的影响等属于内容性知识，添加和分解整数或者写一个经典的五段式文章属于程序性知识。

当学生掌握了知识，他们一定会顺利地通过考试，并获得良好的成绩。知识的获得程度通常和学生的智慧和理解力紧密相连。

如果学生只是简单地了解知识并不能确保他们能取得学习上的成功。许多研究表明，学习上的成功不仅建立在知道正确答案之上，它还建立在一系列能够让你更容易得到正确答案的"软技能"之上。举个例子，为了考出好成绩，学生不仅需要知道比考试内容更多的知识，他们还需要知道如何做笔记、如何查资料、如何更有效地做作业、如何辨别信息的重要性、如何回答多项选择题、如何在不知道正确答案时基于经验做出预测、如何在规定的时间内完成考试、如何在遇到不懂的问题时向老师寻求帮助、如何识别哪些知识还没有掌握、如何分配足够多的时间来进行学习等。

这些软技能的操作被视为知识的一种形式,我们将其称为学习行为。事实上,学生用来获取知识和技能的任何行为都可以视为学习行为。学生的学习行为应该在每一个课堂的互动中得到积极鼓励,然而事实上老师们总是很少明确地向学生宣扬这些软技能,尽管它们在获取知识的过程中起着至关重要的作用。

每个学生都有自己喜好的行为、沟通和交往的风格,这决定了学生认为哪些行为值得他们去做。如果学生的学习行为在某种程度上符合我们所重视的价值。比如,他们按时交作业、为他人提供帮助、发言之前先举手以及听课时不开小差,这样的学生更有可能获得老师丰厚的奖励、额外的帮助、极高的期望以及更好的机会。最终,他们更有可能收获更多的知识。

在学习过程中,知识就好比资本,学生需要付出一定的学习行为才能获得资本。每个人都有优先选择自认为值钱的行为的权力。假设你正要出售房子,而我很喜欢你的房子,并且告诉你我想要买你的房子。"太好了!"你边说边拿出纸,准备拟买卖合同。同时,我将手伸入袋子,拿出一些闪亮的珠子、贝壳和木雕,将它们一股脑儿放在桌上,并要求你交换房屋的钥匙。接下来,你将会如何反应呢?如果我告诉你,在我的价值观中,闪亮的珠子价值连城,木雕是一种神圣的自然宝物,其价值不可估量,贝壳是我们通用的交换货币,你会有什么样的反应呢?你会接受这些东西,并把房子给我吗?

同样的交易方式在我们的课堂上每天都在上演。我们有学生需要的知识,学生付出自己的学习行为,并力图以这些行为来获取知识。然而，很多时候我们认为有价值的学习行为和学生真正付出的学习行为往往是不相吻合的，或者学生有能力付出我们认可的学习行为，但因为他们并没有意识到知识的重要性，所以拒绝付出行动。于是，我们会因为学生没有付出我们认为有价值的学习行为而认为学生方法不对或者不够努力，从而盲目地要求他们改正。这将产生大麻烦！

在课堂上，学生有些学习行为不被老师认可，并不意味着他们没有学习能力，仅仅意味着他们拥有的技能没有被老师认可，或者意味着老师所讲授的知识还没有产生足够的吸引力来促使学生付出自己的学习行为。老师千万不能将其视为学生的缺点，而是要调整自己的教学方案，更好地引导学生利用他们的学习行为以获取更多的知识。

如果想要学生在课程上取得更大的成功，我们就必须帮助学生利用他们的行为来获取真正有价值的知识。首先，我们必须清楚自己能接受学生什么样的行为，学生又真正能够付出什么样的行为。然后，我们必须确定在这两者之间是否存在脱节现象。如果存在，就必须弄明白产生这种现象的原因。第一个原因可能是，学生确实没有付出我们认为有价值的学习行为。此时，我们需要帮助学生及时付出这样的学习行为。第二个原因可能是，学生有能力付出那些我们认为有价值的学习行为，但是他们拒绝付出。此时，我们需要帮助学生意识到知识的真正价值，促使他们愿意付出学习行为来获得知识。

你对学生的期望合理吗

大多数课堂问题产生的根源在于，老师对学生的期待和学生的真正表现之间存在着严重的脱节现象。因此，要想成为一名优秀教师，就必须理解和尊重学生的学习行为，最重要的一点就是适当地掌控自己心中对学生的期待。

也许大家都知道，每一位老师对学生都拥有不一样的期待，它会以微妙或者显著的方式影响老师的课堂行为，因此，你现在最重要的任务就是仔细观察自己和你的学生，然后想想，你的期待如何影响你看待学生的表现以及你在他们生活中所担任的角色，你以前受教育的方式如何影响你现在的教学方式，你如何理解学生，如何进行课堂上的每一次互动。

作为老师，我们花大量的时间在思考教什么、如何教以及为何教，以及三者之间的联系。但是，我们花在审视自己对学生期待上的时间却屈指可数。如果我们希望帮助学生有效利用学习行为获得知识，那么我们必须先审视自己对学生的期待是否合理，即我们能接受学生什么样的学习行为、什么样的知识和技能更有利于学生学习以及怎样智慧地培养出一个好学生。

你心目中的"好学生"

● 写两份清单。一份清单上列出你心目中"好学生"的行为。比如，好学生看起来应该是什么样的？好学生应该知道些什么？好学生应该怎样去做？接下来，在有助于学生掌握课程或者目标的行为旁边标上一个星号。另一份清单上列出现在班级中每一个学生的性格、行为以及价值观。比如，你的学生看起来是什么样的？他们是如何表现的？他们的表现有哪些让你称道的地方？比较这两份清单，你很快就能知道哪些行为是学生有能力付出的，而哪些行为是你认为有价值的。它们有哪些相似之处？你用星号标注的行为学生是否已经拥有？你如何帮助学生获得那些你已经用星号标注了，而他们却还没有拥有的行为？

- 在教学上的定位。这个定位将决定你的教学方式。如果你将自己当成兢兢业业的园丁，辛勤地栽培学生，那么他们可能变成你心中的好学生，但他们却可能千篇一律，缺少个性，发挥不出自己的独特潜力。如果你将自己当成教练，那么你会视学生为团队中的一员，因材施教。当学生消极被动时，你会耐心地鼓励和培养他们，让他们快速成长。当学生积极主动时，你会适当引导，让他们达到最佳状态。通过注重在教学上的定位，你将更加强烈地意识到身为人师的高尚使命以及教学方式对学生的巨大影响。

- 现在，要求你的学生在学习上为自己定位，你可以试试这个方法，即让学生完成"我要像……一样学习"以及"学习像……"的句子。在学生完成的句子中，你可以了解到学生对待学习的态度。

> 话虽如此，但是……难道我只能利用学生已有的背景和文化来了解和引导他们吗？

虽然利用学生已有的背景和文化来了解他们，能够帮助你开启一个通往学生内心世界的入口，但是你却不能仅仅依靠这些来了解你的学生。相反，你应该仔细观察你的学生，倾听学生的心声，努力去理解他们在课堂上的行为表现。很多时候，我们倾向于对学生的问题和行为立刻寻找答案。事实上，成功的教学则要求你退后一步，不要着急得出结论，你应该用尽一切时间和精力帮助学生利用他们的能力和潜力获得有价值的知识。

学生拥有良好课堂表现的8个关键要素

要想让学生获得成功，老师不仅要对学生有合理的期望，而且要深入理解学生的行为表现。教育家威廉·赛德拉切克博士的研究帮助我们认识和理解学生的各种课堂行为，他提出了促进学生课堂表现的8个要素。

要素1　自信：成功的决定性要素。

要素2　清晰的自我认识：精确评估自我优势和弱势的能力，是促进自我发展的动力。

要素3　获取有利资源：知道如何获取资源、如何使用资源帮助自己达到目标。

要素4　优先选择长期目标：知道如何设立和完成长期目标、延迟享乐、遇到障碍依然坚持不懈。

要素5　寻求强有力的支持：懂得寻找他人为自己提供建议，尤其是在危机时期。

要素6　领导力：拥有组织和影响他人的能力。

要素7　团队合作力：能积极参与到团队中去。

要素8　专业知识：在擅长的研究领域中，拥有令人信服的专业知识。

这8个要素为我们提供了全面观察和理解学生课堂行为的参考依据。观察学生课堂行为所呈现出的优势和潜力，将为你提供一个帮助学生获得知识的崭新切入点。举个例子，如果学生拥有自信，你可以帮助他利用自信应对学习上困难的任务。如果学生拥有清晰的自我认识，你可以教他如何利用优势和弱势来制订自己的学习目标，更有策略地进行学习。如果一个学生有领导力，你可以教他利用这种领导力优势来组织学习小组，或者在课堂的日常事务中承担更多的责任。

只要你积极地寻找可以促进学生积极学习的行为，你就能帮助他们利用这些学习行为来获得自己需要的知识。此外，告知学生你对他们优势和努力的认可，也能极大地激励他们突破他们的能力极限。

如何与学生积极互动

- 利用这8个要素来观察学生的学习行为。和学生讨论这些要素，帮助学生判断哪些要素自己已经具有，并告诉他们如何利用这些要素在课堂上表现出优秀的行为。帮助学生加强那些他们并没有完全具备的要素。举个例子，如果学生在领导力方面需要加强，你就应该为学生寻找那些可以锻炼领导力的机会，比如让学生发起一场课堂讨论或者在一个项目中担任团队领导者。

- 利用家长会深入了解学生。你可以让家长谈谈孩子的优势、天赋以及喜好，并利用这些信息为学生提供展示他们天赋和优势的机会，有效调动学生学习的积极性，帮助他们更快更好地获得知识。如果在家长会上你没有足够的时间来了解这些，那么你可以设计一份问卷，并要求家长完成之后再返还给你。

- 为学生创造分享故事的机会，这样不仅能让你更多地了解学生，而且能将学习与学生的生活紧密联系起来。当你在课堂上举例时，你可以问学生是否也曾经有过类似的经历。当你学习新知识时，你可以试着让学生谈谈自己现实生活中关于这个知识的运用情况。不仅如此，你还可以随时和学生举行一些简短的讨论。

- 当讲解课程或者学科的原则、理论和概念时，你可以利用插图和例子，激发学生参与课堂的积极性。

"工作袋"练习法

乔纳森·索菲尔和罗伯特·高尔曾经建议老师们使用一种称为"工作袋"的练习法，这种练习法是深入了解学生的不错选择，它能够创造和谐的课堂文化，在这种文化中，学生能够感到自己是受欢迎的，他们的学习行为也能获得很好的认可。你可以参考如下的操作方法来实践"工作袋"练习法：下一堂课的时候，你可以让每一个学生带来一个购物袋，袋子里必须装有能够反映他们兴趣爱好的五件东西。每次让一个学生随机选择一个袋子，并依次展示袋子里的五件东西。展示完之后，你可以让学生们猜一猜这个袋子的主人是谁。最后，让这个袋子的真正主人与其他学生一起分享每一件东西背后的故事以及这些东西对他人生的重大影响。

帮助学生获得更多的学习技能

除了理解学生不同的学习行为之外，我们还需要帮助学生获得更多有效的学习行为，这将有助于学生在课堂上获得更大的成功。

当我第一次接触赛德拉切克博士的研究时，我就觉得我的学生并没有真正掌握让他们拥有良好课堂表现的8个要素，对此我感到非常遗憾。很多学生不懂得寻求强有力的支持，很多学生不喜欢长期目标，而且很容易放弃。只有一小部分学生对他们的优势和弱势有比较清醒的认识。如果这8个要素对于学生的成功来说是必要的，那么我想我的孩子们已经陷入了困难之中。

因此，我决定如果学生分到我的班级时还没有具备这8个要素中所提到的技能，那么帮助他们拥有和改善这些技能就是我工作的重中之重。为了让学生掌握我的课程目标以及获得这些技能，我打算调整课堂的组织结构，并且重新考虑我的行动计划。

我开始让学生进行小组合作学习，以便为他们提供一个强有力的支持团队。这些学习小组在课外也会一周聚一次，他们或者在放学后小组成员自发组织见面，或者在我为了他们建立的网上聊天室里碰面。如果有学生缺课，那么他不用再单独找老师核实错过的学习内容，他只需和学习小组的成员进行核实就行了。如果有学生对某个概念还很困惑，他也可以在学习小组中寻求帮助。

为了让学生学会设立长期目标以及朝着它不断努力，我开始采用化大为小的方式。首先，我将很庞大的目标分为很多很小的部分，并让学生为每一个小目标写下行动计划，以此帮助学生坚持完成这个长期目标。

为了帮助学生更好地理解自己的优势和弱势，我调整了自己的反馈方式，我给学生发放了一些目标完成追踪表，以便学生能够在掌握目标的过程中追踪他们的每一点进步。我要求学生定期讨论他们的进步，并帮助学生明确必须掌握哪些步骤才能达到学习目标。

做这些工作可能会花费我的一些时间和精力，但是看到学生的学习技能有了很大的提高时，我觉得一切的努力都是值得的。不仅如此，这些技能在其他的学科领域也同样起着极其重要的作用。

掌握学习技能的6个要点

- 利用威廉·赛德拉切克博士的8个要素作为行动的起点，加强学生的学习技能。
- 明确地向学生讲解科目的专业词汇，帮助学生更好地理解和掌握你的课程。

- 设置学生学习小组，为学生提供强有力的支持团队。（更多的关于设置学习小组的技巧，请访问网站：www.masterteachermindset.com）
- 将学生置于你所举的例子之中，帮助学生将自己与那些他们并没有直接经历过的事情紧密联系起来。你可以使用这样的短语"假设你是……""想象你自己……""如果……，你会……"
- 帮助学生设立个性化的学习目标。帮助学生将学习目标与自己的兴趣爱好联系起来，激发学生的学习激情，以提高他们的学习效率。
- 当介绍那些学生完全不熟悉的新知识时，一开始你就需要重点介绍知识的背景，以及讲述一些深入的学习内容，以便学生能够更深刻地理解这一知识。

锻炼学生应对多种环境的能力

迪思·瑞奇·哈里斯在她的著作《教养的迷思》中指出，孩子在学校的表现和在家里的表现并不一致。事实上，学生很擅长根据他们的环境来调整自己的表现。因此，你可以教给学生利用自己本身所拥有的技能来锻炼他们应对多种环境的能力，千万不要将你认为很重要的想法强加到学生身上，遏制那些你认为不重要的学生本身具备的一些能力。

当我第一次成为英语老师时，我面临的最大挑战就是让学生克服说俚语的习惯，学习使用标准英语。我无比努力地应对这一挑战，不厌其烦地纠正学生的每一个错误。

当然，在我不上课时，我有时也会不自觉地冒出一两句俚语。事实上，当我和朋友聊天的时候，我很少说那些我要求学生去说的标准英语。

一天，我正在办公室帮大卫补习功课。突然接到了我妹妹打来的电话，我和她闲聊了一会就挂掉了电话。当我挂掉电话时，我向他道歉："很抱歉打搅你学习了。"他只是坐在那里，冲着我咧嘴一笑。

"怎么了？"我好奇地看着他，问道。

"我知道了！"他惊呼，然后开始大笑着说，"您刚刚说的话和在课堂上说的话根本不一样。"

他说对了。我和朋友聊天时所说的话，通常与在面对学生、面试、和主管沟通、指挥团队工作的时候不一样。的确，如果我都不能保证自己一直使用同一种语言，为什么要求我的学生那样做呢？

话虽如此，但是……学生使用俚语，难道就一定不好吗？在使用标准英语的考试中取得好成绩，难道就一定会有利于学生进步吗？

我是在为俚语辩驳吗？我是在为学生争取他们最喜欢的学习方式吗？当然不是！不学习标准英语在很大程度上会限制学生受教育的机会，打击他们在社会生活中的积极性，最终阻碍学生的进步。尽管标准英语是考试中所考察的语言，但并不意味着它就是学生们生活中的语言，我们并不能仅仅因为它需要考试，就把所有的重点都放在标准英语上，这并不是一个非此即彼的情况。相反，我们可以为学生提供更多元的学习机会，让他们在保留说俚语的权利的同时，学习标准英语。这样，在学生面对不同情况的时候，就懂得使用更加合适的方式获得自己需要的知识。

从那时起，我开始给学生介绍俚语和标准英语的理念。我们谈论俚语与标准英语的异同。我常常询问学生在家使用什么语言。有些学生使用俚语，有些学生夹杂着使用俚语与标准英语，还有一些学生在家根本就不说英语。我问学生，如果他们和自己的邻居讲标准英语，会发生什么事情。他们大笑不止。

"我可能会被抢劫。"一个学生大叫道。

"哈哈，应该没有人能够弄清楚我在说什么。"另一个接着说道。

我又给了学生一个情境："假设我们走近一群在街头闲逛的人，并对他们说'打搅一下，请问你有芥末酱吗？'会发生什么情景呢？"大家都哄堂大笑起来。

"我们再来讨论一下衣着如何？"我指着我的裤子和高跟鞋问道，"我能像你们的邻居那样穿衣服吗？"

"当然不行！"我的一个学生大笑道，"除非您想被抢劫。"

"如果您像我邻居那样穿衣服的话，大家会认为您是一个社工或者狱警。"另一个学生惊呼道。

"您像我的邻居那样穿衣服的话，会很适合。"第三个学生提议道，"我的邻居们穿的衣服和您现在差不多。"

"您最好不要像我的邻居那样穿衣服。"第四个学生解释道，"在我的邻居里边，女人都不穿您那样的裤子。"

"在商界，有着统一的着装方式。"我向学生解释道，"不管你们邻居的举止谈吐以及穿着打扮如何，也不管在东南地区还是华尔街，如果你们不以大家统一认可的方式讲话以及穿着打扮的话，就会失去你在这个领域的信誉。"

"你们中间有多少人想上大学，并成为一个商界人士？"我问道。学生们的手都齐刷刷地举了起来。

"你们中间有多少人想要变得富有？"又一次，学生们的手都齐刷刷地举了起来。

"如果这样的话，你们就必须学习符合主流文化的标准英语。"

现在，学生都对主流文化的标准英语非常感兴趣了。我并没有告诉学生他们讲俚语是"错误"的，我也没有让他们放弃自己的文化。我只是告诉他们应对不同文化的一些秘诀，我相信我的学生会因此接受标准英语，并在不同的文化之间自由穿梭，他们会变得更加聪明、更加变通。

那么，如何让学生利用自己已有的能力来获取更多的能力呢？如何确定哪种技能更能让学生适应不断变化的环境呢？如何让学生感觉在多种文化间能够游刃有余呢？如何让学生能够正确做出自己的选择呢？

作为老师，我们应该充当学生所不熟悉的社会和文化领域的引导者，一切教学行动都应该围绕这一主旨。我们的工作就是帮助学生获得更多适应社会的能力，确保学生不管处于何种环境，都能够拥有他们需要的知识和技能。卓越的老师从来不会因为让学生遵守主流文化的规则而抹去学生自己的文化，而是会积极寻找更有效、更便捷的方式，帮助学生将自己的文化作为进入主流文化的一个入口，让学生了解并懂得尊重不同文化之间的差异。

此外，老师要善于利用学生已有的知识和经验，将新知识和学生的现实生活巧妙联系起来，这样我们不仅能够让学生积极参与课堂互动，轻松学习知识，还能饶有兴趣地去实践知识。

拓展思维和激发潜能的3个方法

- 在学年初，老师应该要求学生确定至少三个自己擅长的优势，并将其列成一份优势清单。在整个学年里，你可以利用这份清单丰富课堂教学，并将其作为讲解新知识、展开课堂讨论的线索，激发学生的学习热情，以此增强他们的专业知识和技能。

● 让学生模仿不同的思考过程，包括完成一项复杂的任务。比如，针对同一项任务让学生想出不同的解决方案。鼓励学生探索适合他们自己的学习过程、学习形式和学习需求。

● 教学生多角度思考问题。比如，利用课外的资源深入了解所学知识。不再强调问题只有一个正确的答案，你可以让学生就一个问题找到几个答案，或者就一个事件说出好几个观点，或者要求学生就某个有争议性的问题，进行支持与反对的辩论。

让学生热爱学习的4个关键

有时候，学生的确没意识到学习的重要性，因此学生并没有多大的学习积极性，甚至会拒绝学习。事实上，学生对学习的热爱主要受4个关键因素的影响。

● 学生是否认为很好地执行老师规定的学习任务非常重要。

● 学生是否认为很好地执行老师规定的学习任务是一种享受。

● 学生是否认为很好地执行老师规定的学习任务会帮助他们达到学习目标。

● 学生是否认为很好地执行老师规定的学习任务会花费他们很多时间和精力。

这4个关键因素的根源在于学生是否意识到学习的价值。如果学生根本不相信学习对他们很重要，那么他们将不会付出自己的时间和精力。学生只有在相信你所教的知识对他们的生活有重大作用的时候，才会认为学习值得他们付出努力和心血。

让知识更有吸引力的6个诀窍

● 让学生演示自己已经熟练掌握的知识和技能。比如,在一堂散点图的课程结束后,让学生用自己感兴趣的东西来运用散点图知识。有的学生可能会创造一个自己喜欢的棒球运动员击球率的散点图,而有的学生可能会制作一个心仪演唱会的散点图。

● 给予学生自由讨论的机会,让学生积极主动地讨论知识的意义以及如何在生活中运用这些知识的方法。这有助于学生学会用自己的语言来表达自己的观点,并将要学习的知识与已经学习过了的知识紧密联系起来。

● 鼓励学生针对同一个问题寻找不同的解决方法,并且帮助他们选择一个对他们来说最为有用的解决方案。

● 帮助学生更好地学习。帮助学生根据考试或者老师的反馈来判断他们的学习方式是否符合自己的实际情况,以及预测在未来的学习过程中所面临的困难。告诉学生,在遇到困难时如何寻求帮助、如何调整学习方式,以更好地满足他们的学习需要。

● 倾听学生的声音,并有意识地展示学生可能会感兴趣的东西。老师应该明确指出所教的知识与学生现实生活的紧密联系,或者要求学生自己找到这种联系。

● 帮助学生找到将要学习的知识与已学知识之间的联系。你可以鼓励学生在已学知识的基础上理解新知识。比如,细胞与工厂有什么相似之处?各国的核军备竞赛与扑克游戏有什么相似之处?为了让这个方法更有吸引力,你可以在一个盒子里装一些常见的物品,如一双鞋子、一个玩具、一卷胶带、一个饮料罐等。在用这个方法的时候,你可以让学生从盒子里随机选择一件物品,然后让学生谈谈新知识与这件物品的相似之处。

课堂团队的强大力量

走进戴尼特老师的课堂就像走进了另一个精彩的世界。他教室的布告栏上写满了各个领域的名人名言，从林肯到苏格拉底。墙壁上挂着好莱坞喜剧明星约翰·贝鲁西在1978年拍摄《动物屋》时的海报、英国女演员奥黛丽·赫本的海报以及学生的艺术作品。教室里甚至安排了一个角落专门用来展示学生的课堂笔记和学习资料。在教室的前方有一面小锣，学生可以在课间休息的任意时间走近它，幽默地敲一下，全班学生都抬起头会心一笑，然后接着做自己的事。在课堂讨论期间，学生们可以将椅子搬到教室后边的角落里，然后一屁股坐在房间中央的懒人沙发上。

一天，我路过他的教室，听到学生在高喊："吃了它！吃了它！"我好奇地停了下来，看到在教室的中间悬挂着一块比学生的嘴巴稍微高一点的巧克力，五个学生正在努力跳起来去吃悬挂着的东西，吓我一跳的是，巧克力上边居然绑了一只臭虫！围观的很多学生衣服上都已经别上了一个大胸章，上边清晰地写着"我吃了一只臭虫"。每当一个学生吞下一只臭虫，班上其他的学生就会鼓掌为他欢呼，然后戴尼特就会将"我吃了一只臭虫"的胸章别在这位学生的衣服上。

我非常疑惑，在一堂世界历史课上，为什么学生会吃臭虫呢？它显然不是课程要求的讲课内容。事实上，这种活动更适合发生在联谊会上，而不是中学课堂上！为什么戴尼特老师要浪费宝贵的教学时间在这个看似和课程没有任何联系的活动上呢？他为什么不帮助学生为学年末的考试做一些更有用的准备呢？

"我们刚刚完成了世界文化研究，我告诉学生在一些文化中人们是吃臭虫的，但是学生感到非常厌恶。于是，我想到了这个方法，在巧克力上放上臭虫。"戴尼特老师解释道，"我想让学生去做一些他们认为自己不可能做到的事情。我希望他们知道，如果他们有勇气吃臭虫，他们就一定能努力通过AP考试。"

戴尼特创建了一个团结一心的课堂团队。他们不再是32名个性不同的学生，他们是"我吃了一只臭虫"团队的一分子。

"我研究过很多的模式，"戴尼特说道，"我研究了海军陆战队、夏令营、球队，我观察过他们如何召集不同背景、不同能力的一群人，组成一个团队。这个团队完成了很多他们个人不可能完成的事情。我班级中的这些孩子从来没有参加过AP考试，这场考试在他们看来是完全不可能通过的。但是，当他们变成一个团队时，他们彼此相互鼓励、相互促进。忽然之间，对这些孩子来说，这场考试看上去并没有想象中的那么难，通过考试也不再是一种奢望，而是只要通过努力就能看得见摸得着的。"

戴尼特的课堂也并不总是充满有趣的活动和游戏。他的班级并不是每天都玩吃臭虫游戏，他本人也并不相信单凭吃臭虫就能够帮助学生通过学年末的AP世界历史考试，他也并不认为吃臭虫就能将学生奇迹般地变成历史学家。

但是，他正在创造一个强有力的课堂团队，那就是利用团队的力量、荣誉感来帮助学生获得重要的知识和技能。他意识到学生会相互影响，因此他巧妙地利用了这一点来激励学生热爱学习。没错，课堂应该尊重学生的个性，每一个学生都应该对自己的行为和学习负责。但是，当一个人孤独地面对困难时，挑战有时看上去会变得艰巨，而当一个人作为团队的一分子面对困难时，挑战突然之间会变得容易被征服。

戴尼特利用团队的力量帮助学生征服了一个又一个艰巨的课程挑战。他没有浪费时间去试图激励每一个学生做到最好。相反，他创造了一个课堂团队，帮助学生勤奋学习，一起为完成学习目标而努力奋斗。最终，戴尼特让学生看到自己有能力去做那些他们以前连想都不敢想的事情，学生不再需要他去激励，他们学会了自己激励自己，因为他们明白了学习知识的重要性。

话虽如此，但是……我没有时间建设课堂团队，我必须完成我的课程任务。

我们常常忽视团队的力量，因为我们觉得它会占用我们教授知识的时间。但是，当我们明智地掌握了团队的力量时，它会帮助学生找到知识和技能的入口。这个方法成功的关键在于，你必须确保建设团队的目的，绝不能单纯为了建设团队而去做一些意义不大的活动。通常情况下，课堂团队的力量将帮助学生在困难面前不退缩，在挫折面前不胆怯。

增强学生集体凝聚力的5个方法

● 让学生大胆地提出更多有关班级章程的建议，然后和他们一起确定班级日常事务应该如何开展。

● 在课堂上创建一种相互依赖性。它的成功实施可以通过很多方法来实现，比如交互式教学法、拼图游戏、小组学习、在线讨论、主题聊天室以及学习播种法（先教一些学生某种技能，然后让先学会这种技能的学生去教其他的学生）。

● 组织课堂团队建设活动。尽管这些活动被经常视为与课程毫无关系的内容，但它们确实可以帮助你建立一个让学生更高效、更相互依赖的课堂团队，不仅如此，还可以激励学生，在学生心中形成"我们一直在一起"的意识，帮助他们在面对困难时有足够的勇气坚持下去。

● 给学生一些自己做主的机会，让他们依据自己的学习兴趣以及需求，去选择自己最合适完成学习任务的方式。

● 找到将新知识和学生的现实生活联系起来的方法，你可以利用史蒂芬·耶勒恩博士建议的一些问题来帮助你寻找更有效的方法，问题如下：

· 在学生的现实生活中，他们可以如何运用这一新知识？

· 这一新知识将如何引发学生的兴趣？

· 这一新知识将如何与学生的经历联系起来？

· 这一新知识将如何帮助学生满足他们的愿望？

· 这一新知识将如何帮助学生减轻他们的恐惧和担忧？

· 如果学生学习了这一新知识，他们将获得什么？如果他们没有学习，他们将错过什么？

· 如果学生很好地使用了这一新知识，会发生什么？如果他们不能很好地使用，又会发生什么？

用学生在乎的东西来奖励他们

作为老师，我们所犯的最大的错误就是自认为非常了解学生。不可否认，很多时候我们都在用自认为有价值的东西来奖励学生，而学生真正在乎的东西却被我们忽略，这样的后果可想而知。很多老师都认为好的分数能够充分激励学生完成他们的学习任务。但是，对于很多学生来说，好的分数并没有多大意义。因此，想要激励学生，我们就必须用学生在乎的东西来奖励他们。下面，以我的朋友辛西娅为例。

一天，我和她正在教室后边的办公桌上准备演讲材料，此时学生们正在考试，她的教学助手布莱索女士在监督学生。

不久，我们的工作就被布莱索女士打断，她激动地大喊："杰西，赶紧开始做题，我已经警告过你三次了，请马上拿出你的笔完成这份试卷。"

"我已经完成了。"杰西蜷坐在他的座位上，将笔放在课桌上。

"你没有完成，杰西。你还有两页没做完。现在，请马上完成它。"布莱索女士告诫杰西。

杰西生气地把试卷扔在地上，然后站起来。

"对不起！"辛西娅轻声地对我说道，"我一会就回来。"她的眼睛始终没有离开过杰西。

她面带笑容地走到杰西身旁说："孩了，你先坐下。"她温柔地说道。

杰西的怒气还没有平息，但是他确实很不情愿地坐回到自己的座位上。他交叉着手臂说道："吉尔小姐，我不想做这张试卷。太无聊了！"

辛西娅俯下身对杰西轻声地说了一些话。杰西疑惑地看着她，而她则眼睛直视着杰西，面带微笑。

杰西伸手去捡起试卷，说道："我没有笔。"

"我这儿刚好有一支笔。"辛西娅将手伸向自己的口袋，拿出一支笔递给杰西，说道："赶快做题吧，你只有20分钟了。"

杰西开始做起试卷来。

当辛西娅回来的时候,我轻声地问她:"你真了不起。你究竟对他说了些什么?"

"谁,杰西?我只是告诉他,如果他完成这份试卷,我会为他做一份三明治。"

我大声地笑了,辛西娅神秘地微笑着说:"小声一点,亲爱的,它真的很管用!"

在接下来的20分钟,杰西伏在他的课桌上,完成了考试卷,并准时将它交给辛西娅。

"你尽自己最大的努力去做了吗?"辛西娅严肃地问他。

"是的。吉尔小姐,我做完之后,还检查了一遍。"

辛西娅翻阅着试卷,仔细地检查了每一页。然后,她走进她的办公室,拿出一个面包,一大桶花生酱,一罐果冻、一把塑料刀。她做的三明治几乎是我见过的最简单的三明治,但是对于杰西来说,它却是一个艺术品。当辛西娅完成了三明治,把它交给杰西时,杰西骄傲地将它捧在手掌心,开心地笑了。

"谢谢你,吉尔小姐。"他真诚地说,然后小心翼翼地捧着三明治走向门口。当他离开教室时,我们能够听到他的欢呼声"嘿、特图、迪马克,看看,这是吉尔小姐为我做的"。

我曾经问过辛西娅有关三明治的事情。为什么孩子会愿意为了一些看上去如此微不足道的东西而勤奋学习?辛西娅使用的可都是便宜的面包、花生酱和果冻,她做的三明治也是非常难看的。在教学助手布莱索女士用尽了一切办法却依然没有任何作用的时候,为什么一份三明治就能够激励孩子完成考试呢,究竟是什么吸引了学生呢?

"关键根本不在三明治上,而在于三明治是我为他而做的。为某人烹饪是一个人能够为他人所做的最能表达爱意的行为。杰西在家里没有得到足够的关心和爱。杰西的妈妈做着两份工作。她没有时间给他做三明治。因此，当我为他做三明治时，他感受到了我对他的关心与爱。在杰西遇到困难时，他需要知道我关心他，而当他感觉到我的关心，他就会努力克服困难。"

辛西娅深深地理解学生的内心世界，她知道对学生而言，什么是最重要的，她没有利用老师所谓的特权强制学生做自己不愿意做的事情，她懂得如何用学生在乎的东西来鼓励学生努力学习。

> 话虽如此，但是……请不要期望我去给我的学生做三明治。

我不是辛西娅。尽管我喜欢三明治的故事，但是我不会买一块面包回来，自己动手做三明治。我不是这样的人。但是，我明白了辛西娅成功的要点。毕竟，我们有同样的学生。我的学生也需要关心和爱来激发他们的潜能和热情。不仅是我的学生，大多数学生都是这样的。

但是，我不会效仿辛西娅那样的方式。如果我买面包回来做三明治，我敢肯定这会是一个超级失败的拙劣模仿，而且我的学生也会看透我，在他们眼中我会变得虚伪和不诚实。不！我必须找到适合我自己的表达爱意的方式，这种方法必须真实并且符合我的个性。

常常，当我们读到伟大教师的励志故事或者看一部感觉很棒的教育电影时，我们总有一种想要像这些伟大的老师那样去行动的冲动。我们想像乔·克拉克那样抓着一个手提式扩音器激励学生，或者像米歇尔·普法伊费尔那样带学生去游乐园，或者像贾米特·伊斯克兰特那样在放学后依然陪伴学生好几个小时。但是，很快我们就会败下阵来，因为这些伟大教师的行为有着不可复制的个性，而我们自己的个性显然不适合这样的行为，因此我们不能一成不变地复制他们的行为。我们真正需要考虑的是为什么乔·克拉克、贾米特·伊斯克兰特会如此成功？那就是他们了解学生和自己，并且深深地热爱教学这项崇高的事业。

孩子是非常聪明的。他们能够看穿我们。在我们真诚或者变得"虚伪"时，学生都非常清楚。在刚一开始的时候，学生可能会对我们稍微宽容一点，但是如果我们总是显得不真诚，那么他们很快就会反抗我们的行为。如果连我们自己都不相信自己所做的一切，那么学生为什么要相信呢？

因此，如果你不擅长做三明治，那么请想出你擅长的事情，然后马上去实行。

的确，杰西因其良好的行为受到了老师精神和物质上的奖励，老师也因为给杰西提供了非常个性的奖励而很好地激励了杰西。显然，在杰西的心中，精神上的奖励远远比三明治要重要得多。

当你站在学生的角度思考问题，一切都从学生的切身利益出发时，你不会去考虑将来要怎么样，你只会想着马上付出行动。如果你想要激励学生努力学习，首先，你要找出他们认为有价值的东西或者他们愿意付出努力而获得的东西，从而让学生发自内心地认识到学习的重要价值。对于我们的很多学生来说，在他们有了好的表现之后，老师的精神鼓励至关重要，学生需要得到老师的认可和奖励。其实，有一部分学生并没有在学习上经历过持久的成功，因此他们并不相信学习会带来快乐。对学生来说，学习上的成功是弥足珍贵的，因此开学之初我们就应该让学生尝到学习的甜头，激励他们努力学习，当学生经历了许多成功后，收获成功的快乐就会促使学生主动学习或者激励他们勇往直前。

对于不同的学生来说，有价值的奖励也大有不同。也许是额外的加分，也许是老师鼓励的话语，也许是一些更切实的奖励，比如在操场上踢球或者实地考察。

然而，对于杰西来说，最有价值的奖励就是一份三明治。

奖励学生的4个细节

- 让每一位学生写出5件最喜欢的东西。
- 捕捉学生的好行为，时刻准备奖励学生。
- 你最近在课堂上给予学生的奖励是什么？它们和学生认为有价值的奖励一致吗？
- 专注于学生认为有价值的东西（你甚至可以亲自问他们）！然后，再决定如何奖励学生。

教会学生多角度思考问题

一天，我在克莉丝7年级的数学课上旁听，她正在教学生如何解二次方程式。

当她在投影仪上写了一个方程式后，她问学生："在这个方程式中，我们如何解出X等于几呢？"

很多学生举起了手。克莉丝等了一小会，然后叫了一个学生来回答问题。学生说的时候，克莉丝就把学生所讲的步骤写在投影仪上。学生讲完后，克莉丝问道："你为什么要选择这种方法来解这个方程式呢？"

这个学生想了一小会，然后向全班同学解释为什么想到这种方法的原因。之后，克莉丝又问道："还有人能用不同的方法解出这个方程式吗？"

少数学生举起了手。克莉丝叫了一个学生。当这个学生讲完后，克莉丝又让他解释了选择这种方法的理由。之后，克莉丝又问道："还有人能用不同的方法解出这种方程式吗？"

这一次，没有学生快速地举手了。克莉丝等待着。一段时间过后，还是没有学生举手，克莉丝开始提示学生："让我们看看，你们可以先加上……再减去……再乘以……"提示了一会后，克莉丝停了下来让学生思考。突然，一个学生举起了手。克莉丝叫他起来回答问题，他提议道："您可以在方程式两边同时除以6。"

克莉丝微笑着说："很好，请告诉我接下来该如何解出这个方程式。"这个学生得到鼓励后，滔滔不绝地讲起了解题步骤，同时别的学生边听边做笔记。

克莉丝写完解题步骤后，指着投影仪宣布道："现在，我们至少有三种方法能解出这个方程式。"克莉丝将这三种方法系统地讲解了一遍，然后问道："为什么要使用第一种方法呢？"学生探讨出了一些原因。克莉丝点点头，然后又问："很好，第二种方法有更有效更便捷的地方吗？"学生找出了一些第二种方法比第一种更有效的地方。"第三种方法怎么样呢？"学生们又在克莉丝的引导下探讨了第三种方法的适用情况。

当学生讨论完后,克莉丝边给学生发作业边说:"接下来的时间,你们需要对这个知识点进行练习。这份作业包含了12个方程式。我希望你们能够用刚刚学过的三种方法来解答这12个方程式,并找出对自己最有效的方法。"

克莉丝并没有只教给学生一种解题方法。她不仅承认有很多种不同的解决方法,而且鼓励学生选择对他们来说最有效的方法。她帮助学生仔细探讨每个方法的优劣,然后让学生根据自己的喜好来选择最适合自己的方法。最终,克莉丝极大地激发了学生的学习热情,也赢得了学生们对她的喜爱。

Tips
教学小贴士

1. 检查你的教学行为。反思一下你的教学对学生是否有吸引力，是否值得他们付出努力。

2. 将精力集中在学生身上，尽最大努力了解学生，巧妙利用那些学生认为有价值的东西，以此激发学生的学习热情。

3. 思考你的期望是否符合学生的实际情况。

4. 帮助学生获得更多的学习技能，以便更好地适应不断变化的世界。

5. 教学生利用自己本身所拥有的技能来锻炼他们应对多种环境的能力，将新知识和学生的现实生活巧妙联系起来，这样不仅能让学生积极参与课堂互动，还能更轻松地学习知识。

6. 建立一个课堂团队，利用团队的力量让学生积极参与学习，克服学习过程中的一切困难和挫折。

7. 记得时刻关注学生的好行为，用学生在乎的东西来奖励学生的好表现。

第 2 章

知道学生要去哪儿

爱丽丝:"您能告诉我,我能选择哪条路?"
凯特:"这取决于你想去哪儿。"
爱丽丝:"我去哪都可以!"
凯特:"那你走哪条路都无所谓呀。"

——刘易斯·卡罗尔

为什么要设立学习目标

一天,我去克莉丝汀的教室旁听。当上课铃声响起时,克莉丝汀指着黑板上的学习目标说:"同学们,早上好!下面是我们今天的学习目标。第一,完成小黑板上的预习题;第二,按照实验指南完成观察变形虫实验,并把实验结果写在实验报告上。今天晚上的家庭作业是阅读细胞的呼吸作用这一章。大家还有别的问题吗?"

课后,我问克莉丝汀:"对于今天的课程,你的最终目标是什么?"

克莉丝汀回答道:"我想让学生掌握观察变形虫的实验步骤,并顺利地完成这个实验。"

"那么,你的课堂目标就是让学生学会做这个实验吗?"我问道。

"不完全是,我想让学生知道变形虫是一种单细胞生物。"

"为什么?"我感到非常好奇,就好像回到了中学时的生物课上。

克莉丝汀不自在地转了转她的椅子:"因为我们刚开始学习细胞,大多数细胞都是用肉眼看不见的。我想让学生看看细胞的结构。看看作为一种微生物,它的功能是什么。同时,我也希望学生能区分细胞的不同部分。这些知识都包含在我发给学生的实验指南中。"

"你所说的这些显然和小黑板上的目标大有不同。"我明确地向克莉丝汀指出来,她脸上露出非常尴尬的表情。

"但是,我认为我应该把学习目标公示出来,这样有利于学生有针对性地学习。"克莉丝汀还想抵抗,"我按照规定的专业术语来描述学习目标,这难道有什么问题吗?"

"克莉丝汀你只是列出你想要学生做的事情,而不是学生可以从中学到的事情。你能在课堂上给学生列一个清单,上面包含着你想要他们在课堂上完成的事情,这是非常棒的。但是,让学生理解他们为什么要做这些事情、应该怎么做、你会为他们提供什么样的帮助,这些都是同样重要的,这也将有助于你掌控学生是否学到了你期望他们学到的东西。"

我曾经也走过克莉丝汀老师这样的弯路。我刚开始教学时,也总是认真准备教学计划,并撰写学生需要掌握的学习目标,然而,写完之后,我便将它们束之高阁,再也没想起过它们。当然,并不只是我一个人做这样的无用功,很多高效能教师也曾经做过类似的事情。

我们写下了很多目标,甚至将其张贴在教室里,公示给学生,并在一开始的时候就和学生积极讨论这些目标。但是,在我们讨论教学主题、设计教学活动、布置家庭作业、组织知识测验时,我们真的能一帆风顺地按照学习目标来决定我们的教学行动吗?

有些老师为了完成学校规定的任务,草草地将目标写在公告板上敷衍了事。事实上,如何及时和学生有效沟通学习目标,才是我们需要关注的重心。在教师培训的时候,大多数老师都学过如何制订学生的学习目标,但是老师们关注的重点往往是如何用更科学合理、更容易让学生接受的语言来描述目标,而不是目标本身。

因此,老师应该怎么做呢?我们都知道目标是非常重要的。但是,如何去制订目标，如何确定我们的学生是否达到了这些目标，却让我们绝大多数人感觉困惑不已。

向学生强调目标的重要性

早在1979年，哈佛MBA学生进行的一项研究显示，只有3%的人关心他们的未来，并且树立了明确的书面目标。13%的人有目标，但是没有将目标写下来。84%的人没有具体的目标。仅仅10年后，13%没有书面目标的受访者的收入维持在平均水平，是84%没有具体目标的受访者收入的两倍之多，3%的有着明确的书面目标的受访者的收入是其他群体总和的97%受访者的10倍以上。

这只是论证了明确的书面目标是多么重要的众多研究成果中的一个。如果你清晰地知道自己的目的，那么你实现这个目的可能性就会成倍增加！然而，为什么只有如此少的人真正认真地写下书面目标，并为如何实现这些目标而写下书面计划呢？

当你走进任何一间教室，问学生："你们中间谁有书面的目标，谁计划了在今年、明年或者更远的未来所要完成的事情？如果有的话，请举手。"你会看到很少有学生把手举起来。尽管如此，但是作为老师，我们依然可以把局面扭转过来！

请和你的学生进行一个简短的讨论，如果他们中有人对自己的未来设立了明确的目标，请找出这些人。然后，你要告诉所有的学生拥有梦想、设定目标和为实现目标而制订计划的重要性，并向他们解释那些写下书面目标的人比那些没有写下书面目标的人更容易实现目标和获得成功。最后，告诉他们明天你会帮助他们每个人都写下一份明确的书面目标。请一定要满怀热情地去做这件事情，记住：

所有的学生都有梦想，尽管他们有时没有表现出来，但是他们都希望能获得成功！作为他们的老师，你每一天都有义务帮助他们意识到这些梦想。

大目标，小目标

请想象一下，下周五你要从加利福尼亚开车去纽约度假，你会做哪些准备呢？为了能按时达到目的地，也许你会拿出地图计划开车路线，计划每一天开多远，也许你还需要确定晚上在哪儿休息，在哪儿吃饭，带多少钱，背包里应该装些什么。

现在，再想象一下学生必须达到的学习标准，你会做哪些准备呢？也许你会设计你的课程计划，检查课程计划是否有利于学生达到标准，也许你也会确定整个教学过程中的考察点，确定何时以及如何定期检查学生的学习进度。最后，你还需要确定哪些资源可以帮助学生顺利达标。

将学生的学习标准当成你教学的最终目标，对你来说是至关重要的，因为它们代表着在这一年中学生必须掌握的知识和技能。这也是你要为之奋斗的教学目标，但是因为一年的学习目标不可能一次性完成，所以你需要将大目标分成小目标，甚至细化成每一天的小目标，这样才能有效指导你每一天的教学活动，从而帮助学生顺利达到教学标准。此外，它还能帮助你追踪学生取得的每一个真实的进步。

高效能教师花在细分教学标准上的时间要远远多于花在学习活动上的时间，因为他们深刻地理解到，明确的学习目标将有效驾驭他们所做的一切教学活动。他们筛选真正有利于学生的学习目标，并且仔细分析标准中暗含着哪些需要掌握的知识和技能。高效能教师会尝试着依据学生必须掌握的知识，尽可能简单地向学生阐述学习目标。在实现目标的过程中，他们将目标分解成很多小目标。高效能教师在以高标准要求学生的同时，也会将这些高标准尽可能分成一个个稍低的标准，而不是顽固地要求学生必须直接达到那些高标准，因为太高的标准最后很有可能会沦为空谈。通过那种方法，高效能教师不仅能帮助学生最终超越这些高标准，而且还能为学生的快速进步提供足够的空间。最后，高效能教师会和学生以及学生家长有效地沟通这些目标和标准，并鼓励学生努力达到这些目标和标准。

依据教学标准来选择不同的学习目标

大多数学区都制定了学生必须达到的课程标准。但是，简单地接受和采纳这些标准是远远不够的。如果我们想充分利用这些标准来指导我们的教学计划、教学评估和教学进度，我们就必须真正理解这些标准要求学生掌握哪些知识和技能。

通常，学习目标分为内容性目标和过程性目标。内容性目标侧重于知识内容，强调学生对知识的理解。过程性目标侧重于学生学习的技能。举个例子，理解文章中用反问方式所表达的意思属于内容性目标。理解作者如何运用反问来增强论证力度并有意识地掌握这一技巧，则是我们所说的过程性目标。

那么，我们究竟如何判断课程标准中蕴含着的是内容性目标还是过程性目标呢？第一个线索就是标准中介绍目标的动词性短语或句子。如果课程标准中以"学生必须知道和理解"开头，那么这个标准对应的目标可能是内容性目标，它侧重于对知识内容的理解。如果标准概述了学生必须掌握某种技能（如分析、写作、计算、使用、创造等等），那么这个标准对应的目标可能是过程性目标。

> 话虽如此，但是……我没有时间细分标准。为了让学生在重要的考试中取得理想的成绩，我每天都忙得团团转。

因为细分标准至关重要，所以我们一定要花时间来认真研究标准。一旦你明确了这个标准是要求对内容的掌握，还是对过程的掌握，你就可以有针对性地为学生设立学习目标。这样，你不仅不会走弯路，而且能有效节省时间。如果你一味地盲目想要提高学生的考试成绩，那么很可能你付出的努力并不能很好地促进学生掌握学习标准，而这些标准恰恰是考试的重点。因此，多花点时间来分析标准会更好地提高你的教学效率，进而更好地帮助学生在考试中取得理想的成绩。

当然，你不必一次性就分析完所有的标准，你可以尝试着一次分析一个单元的标准。即使一开始你的课程计划并没有因此得到明显的改变，但是，通过分析标准这个过程，你将学会从不同的角度战略性地思考如何教学、如何运用学习活动。

内容性目标与过程性目标

区别内容性目标和过程性目标并非易事，因为它们之间有很多重叠的地方。很多过程性目标中所要求的技能有效地支持着内容性目标中所蕴含的知识的学习，很多内容性目标中所蕴含的知识会让过程性目标中所要求的技能的掌握变得相对容易。举个例子，课程标准中要求学生学会分析国家的地理、政治、宗教、社会、经济等组成结构，这是一个过程性目标，但是，为了分析这些组成结构，学生必须知道地理、政治、宗教、社会、经济等这些结构是什么，这就涉及到内容性目标。尽管这个标准重点强调的是学习分析这种技能，但是理解分析对象的内容对学生来说也是至关重要的，它能让学生更好地掌握分析技能。

有时，我们不得不承认强行区分内容性目标和过程性目标过于武断。没错，尽管它们看上去像分叉的头发一样难舍难分，但是我们还要强调标准细分的重要性，这里有三个重要的理由足以让大家明白对标准进行正确区分的重大意义。

第一，标准细分能够帮助老师设立明确的学习目标，抓到关键点。说一个我非常喜欢的例子，英语学习的一个标准是要求学生学会分析剧本的故事情节。很多老师认为要想让学生达到这个标准，学生就必须通读整个剧本。但实际上，学生并不需要通读整个剧本，只需要阅读这个剧本的情节摘要或者重点剧目就能够有效地分析故事情节。当我对很多英语老师提到这个建议时，他们感到很困惑。他们一直认为学生只有通读整个剧本，才能更好地理解剧作家的语言风格，更多地体会和享受通读文本的过程。但事实上，标准并没有要求学生通读整个剧本，只是要求学生分析剧本的故事情节。

第二，明确区分标准中所包含的内容性目标和过程性目标，能帮助老师找到区分教学指令的有效方式，进而促使学生更好地参与课程学习并完成学习目标。如果目标是让学生掌握知识，那么老师就应该教导学生掌握该知识的具体内容。如果目标是让学生掌握一种技能，那么老师就应该教导学生如何更好地掌握技能，而不是知识内容本身。

第三，明确区分标准中所包含的内容性目标和过程性目标，能帮助老师确定学生需要掌握哪些知识或技能。一旦标准要求学生掌握一个过程性目标，老师就应该教导学生掌握目标需要采取的步骤和方法。如果这个标准要求学生要掌握一个内容性目标，老师就应该教导学生学到和记住这些知识内容。

分析标准并利用它来设立学习目标，将帮助老师聚焦于自己的教学计划。它不仅能帮助老师明白学生真正需要学习的知识和技能，而且能帮助老师更好地选择与学习目标相匹配的学习活动，以满足学生的需求。

如何细分标准

- 在即将到来的单元学习中，仔细参考与这一单元相关的教育局规定的学习标准，然后仔细区分内容性目标和过程性目标，其中最好的方法就是分析标准中所使用的动词，内容性目标使用的词汇较具代表性的是"知道"和"理解"，过程性目标使用的词汇较具代表性的有"分析""创建""写作""增加"等。

- 仔细寻找每一个内容性目标中隐含的过程和技能，以及每一个过程性目标中隐含的知识。在你期待学生熟练掌握学习目标之前，请确保学生清楚地知道这一标准所隐含的知识和技能。

如何让学习目标变得切实可行

在我们分析标准并设立学习目标之后，我们会发现从标准中抽离出来的学习目标太多了。我们总是希望学生成为"终身学习者"，或者"像科学家那样思考",或者"成为极具说服力的作家"。然而,究竟什么是"终身学习者"?科学家到底如何思考?"极具说服力的作家"究竟意味着什么?这些目标太难理解了,因为它们很抽象,没法进行评估和量化。事实上,我们只有把目标具体化,才能清晰明确地让学生理解自己的学习目标。通常,一个好的目标都会具体体现学生需要掌握的知识或技能,以及老师期望学生利用这些知识或技能所做的一切事情。那么,如何让学生的学习目标变得切实可行呢?

首先,老师必须学会权衡学生是否能实现这个目标。如果你在这一步就陷入困境,那么恰好表明你设定的学习目标太宽泛、太抽象。举个例子,假如学习目标是"学生要学会为了表达各种意图而写作",当学生达到了这一目标时,你如何判断他们是否真的已经达到了呢?如果学生写了一封极具说服力的信或者一个催人泪下的故事,他们能算达到目标了吗?如果学生写了一首诗或者给笔友写了一封信,能证明他们达到目标了吗?如果他们选择用不同的题材来进行写作,那又会如何呢?你会认为他们达到目标了吗?正如你所明白的那样,这样的学习目标太抽象,它完全可以从很多方面来解读,不仅如此,这种目标的评估准则也不清晰,这导致你很难评估学生是否真正达标。事实上,一个具体的目标应该是"学生写作要达到说服、解说、通告的目的"。切记:不要让你的目标太过具体,否则它很可能沦为具体的教学活动和任务,而不是具有引导性的目标,这种状况是非常危险的。

其次,制订与学习目标相应的评估标准也同样重要。高效的学习目标能够明确表达学习指标以及达标后的具体表现。与其告诉学生要像科学家那样去思考,还不如告诉学生运用科学方法解决具体问题。

这样，我们不仅能帮助学生正确理解我们对他们的期望，而且能让我们设立的学习目标变得具体可行。

最后，将大目标分解为小目标，然后再规划实现这些小目标的步骤和方法。学生不可能一次性实现所有的目标，因此只有将学习目标分解成一个个易于执行的小目标才能帮助学生进一步行动，从而避免学生被短期的大量工作压倒。使用这种方法时，学生也许不能在一开始就看到最终目标，但是它却能保证学生一步一步实现这些切实可行的目标。

目标具体化不仅能帮助学生更好地理解和掌控目标，并最终达到目标，而且能帮助老师在学生征服目标的过程中有效追踪他们的进步。

让学生顺利实现学习目标的行动建议

- 为每一个目标创建一个可量化的表格，为学生展示一个清晰可见的描述——掌控目标的最终标准以及实现目标需要经历的所有步骤。

- 明确地告诉学生，在他们完成任务时你所期望他们的具体行为和表现。

- 为了让学生更好地掌握学习目标，请将学习目标分解成一个个切实可行的小目标，并将实现这些小目标的具体行动步骤通过可见的方式（比如表格、图形、备忘录等）展示给学生，以此追踪学生在掌握目标的过程中所获得的进步。

- 对于每一个学习目标，你都应该正确地衡量学生是否已经达到目标，或者是否偏离了学习目标。请记得向学生详细解释这些衡量的标准。

设立最低目标

绝大多数老师都犯过这样的错误，那就是忽视切实可行的最低目标，转而将所有注意力都集中在最高目标上。事实上，我们应该将目标视为伸手可及的地板，而不是高高在上的天花板。

这听起来是不是很怪异？也许有老师会问，难道学习目标不是越高越好吗？难道高目标不是让学生努力奋斗的标杆吗？

没错，我们的学习目标应该具备严格和挑战的特性，只有这样才能引导学生更好地学习和成长。但是它们也不能太过严格和太具挑战性，因为这样会导致大部分学生都达不到目标，甚至会使学生感到沮丧，失去学习的兴趣。

> 话虽如此，但是……这听起来好像对学生期望很低。
>
> 将学习标准视为最低目标而不是最高目标，这并不意味着你对学生的期望也随之变低，它会促使学生脚踏实地地完成一个又一个目标，从而接受更多新的挑战。如果你将学习标准视为最高目标，对于学习能力强的学生而言，你可能会在无形之中遏制他们探索和冒险的潜在动力，学生会整天无所事事，茫然失措，不知该做什么、如何去做，而对于学习能力较弱的学生而言，他们会在高目标面前望而却步，停滞不前。

如果用上述方式来思考学习目标，那么我们就必须重新衡量学生达标的标准。达标意味着完成高水平的期望吗？达标意味着学生达到了年级水平所规定的要求吗？当我们认为学生达标了的时候，我们是如何衡量的呢？依据又是什么呢？

通常我们会发现，我们对学生的期望体现了一种不切实际的理想——这种理想并不是我们的课程标准或者年级水平所规定的要求。我们对学生的期望与学生真正需要达到的标准之间有着巨大的差异，当我们期望学生像普利策奖得主那样去写作时，学习标准其实仅仅要求学生的写作能力达到三级水平。当我们期望学生像获得诺贝尔奖的科学家那样去试验时，学习标准其实仅仅要求学生依据科学的方法进行试验。

我们究竟应该将学习标准视为低目标还是高目标？对于这个问题的思考能够让你有效地依据学生的学习能力进行差异化教学。举个例子，假设体育课上有这样一个学习标准：班级所有的学生要跳过两尺高的绳子。有些学生弹跳力很强，他们很容易就能跳过那根绳子。而有些弹跳力弱的学生无论怎么努力也无法跳过那根绳子。那么，你如何依据学生的弹跳力来帮助班上的每一位学生达标，并让轻松达标的学生也能积极地应对更高的挑战呢？

第一个解决方法：将绳子始终维持在两尺高的水平，能跳过绳子的学生达标，而不能跳过绳子的学生就不能达标。对于弹跳力不足的学生而言，他们无论怎么努力都无法达标；对于弹跳力一般的学生而言，他们需要大量的练习才能克服困难，顺利达标；对于弹跳力较强的学生而言，这个任务太简单了，以至于他们很快就会对这个学习任务感到厌倦。

第二个解决方法：依据学生的跳跃能力调整绳子的高低，因为并不是每个学生都有能力达到"跳过两尺"这个标准的。对于那些很难跳过绳子的学生，你要将绳子调低到学生能跳过的合适高度；对于那些轻松就能跳过的学生,你要将绳子调到更具挑战性的高度。这种方法能够确保每一个学生都成功地跳过绳子。

第三个解决方法:将绳子的一端固定在两尺的高度,另一端则固定在八尺甚至是十尺的高度。依据学生的跳跃能力,将所有学生沿着逐渐升高的绳子排成一行,然后要求他们跳过去。只要有学生能轻易跳过去,就可以增加他们跳绳的难度,将他移到绳子更高的位置,让他接着练习。同时,你要额外地帮助那些不能跳过两尺高绳子的学生提高他们的跳高技巧。通过这种方式,每个学生都可以不断地迎接新的挑战,而学习标准也不会因为学生达不到就一再调低。

事实证明,如果你将标准视为对学生的最高目标,那些很快达标的学生就会失去奋斗目标,甚至对学习感到厌倦。如果你考虑到每一个学生的不同情况,为他们量身定做学习目标,这势必会让你精疲力竭。不仅如此,那些在学习方面有困难的学生会因为你过于个性化的目标而逃避高目标,从而不愿努力奋斗。不可否认,在没有较强压力的环境中,学生的确不会产生向上的动力。

但是,当你将标准视为学生必须达到的最低目标时,不管学生能力提升有多快,你都无须改变它,因为标准只是下限,而不是上限。通过使用这种方法,你不仅能让轻易达标的学生不断迎接新的挑战,而且能鼓励那些很难达标的学生发奋图强。最后,我敢肯定你的大多数学生都能如你所愿达到学习目标,并继续迎接更高难度的学习挑战。

学习目标攻略

- 仔细研究每一个学习标准,确定学生必须达到的最低要求,以及学生也许能达到的最高要求。然后,利用这个参量区间来为能力不一样的学生设计灵活的有差异性的课堂活动。这样你就能更好地利用标准来帮助学生更有效率地学习，千万不要认为只要所有的学生达到统一标准自己的教学任务就算完成了。

● 与学生做一个学习约定。为了能让所有学生都达到国家要求的标准，你需要列出一个学生必须完成的最低任务清单。要求所有学生都要完成任务才能给予他们相应的学分，而且要规定每一项任务的合格成绩。你可以适当地增加丰富和巩固知识、技能的学习活动。如果学生完成两个额外的学习任务，他们就能得到额外的奖励。如果学生完成四个额外的学习任务，他们就能得到更多额外的奖励。如果想参考更多的学习约定模式，你可以登陆www.masterteachermindset.com。

如何判断学生达到了学习目标

著名的教育家威金斯与麦克泰指出，设计有效的学习目标最关键的就是如何确定学生什么时候真正掌握了学习目标、如何确定衡量学生掌握学习目标的标尺、如何在整个学习过程中追踪学生的进度。简而言之就是我们如何确定学生是否达标？衡量标准是什么？

我们判断学生是否达标的衡量标准其实是很难掌控的，尽管我们已经有了教育局关于每个年级学生必须达到的标准，但我们还要仔细考虑，在实际教学过程中，当学生掌握某个概念或者技能时，我们如何准确地判别学生已经掌握了它们。学生应该如何向我们展示他们已经达到或者超越了学习目标？

> 话虽如此,但是……一旦你为了考试而教学,你就会失去中间的所有步骤。

> 卓越不可能一蹴而就!你需要打破复杂的学习目标,将其变成更易于管理的学习目标。你可以创建一个评价量规(评价量规是一个真实性评价工具,它是对学生的作品、成果或者表现进行评价或者等级评定的一套标准。同时也是一个有效的教学工具,是连接教学与评价之间的一个重要桥梁),以便清楚地描绘出实现目标的行动步骤。此外,你还可以标明学习过程中每一步的重点,以便学生能够将注意力放在每一个步骤上,并将这些分散的步骤汇集起来。

举个例子,如何才能让评估更好地和你的教学匹配呢?你考察过学生是否还记得他们曾经学过的知识和技能吗?你考察过学生是否已经掌握并能灵活运用已学的知识和技能了吗?高效能教师一定会先确定什么是他想要学生掌握的,什么是学生真正能够掌握的,然后再去寻找合适的评估方法,为学生提供最有效的反馈。

> 话虽如此,但是……我没有时间去评估学生的学习。

> 有效的评估会为你节省很多的时间,因为它们让你知道哪些是你必须教的,哪些是你可以忽略的,什么时候你可以继续向前,什么时候你需要花更多的时间。在教学时,它们会让你更有效率和创意。

一个科学有效的评估，必须包含两个因素。第一，这个评估描绘了让学生变得更卓越的方法。第二，这个评估更好地帮助你为学生提供他们需要的反馈。换句话说，也就是你应该考虑如何从这个评估中得到有效的反馈，以及如何把这些反馈更好地传达给你的学生。

我记得我曾经在课堂上针对不同的句式进行过一场考试。考试之前，我和学生一起对各种句式进行了认真研究和练习，到了考试那一天，我的学生们都已经胸有成竹了。在我批改试卷时，我真是为学生们取得的进步感到无比自豪，他们知道这些句式的来龙去脉，我感觉我的学生已经掌握了这一知识。

然而，学生在他们的写作过程中依然缺乏句式变化，我不明白为什么会这样。我的学生知道很多种不同的句式，在他们看到这些句式时，他们知道为每个句式造句，并将其转换成其他句式。但是，学生却不知道如何把这些不同的句式运用到他们自己的写作之中去。的确，我教会了他们如何通过考试，但却没有教会他们如何运用这些句式进行写作，我想这是因为我没有将学习目标和评估很好地结合起来。我浪费了一个星期的时间在教学生一些并不重要的东西，它们对学生的学习帮助并不大。

事实上，我们常常站在老师的角度而不是学生的角度确定学习目标，我们总是给学生传递很多复杂的信息——我们想要学生学习的知识以及为什么要他们学习的原因。我们对学生的评估往往和我们真正希望学生学习的知识存在很大的差异。你真的希望学生记住二战本身的一些历史数据吗？还是你只是想让学生通过历史数据来再现二战的来龙去脉，理解引发二战的国内国际环境，从而加深对二战爆发原因的理解。将学习目标和评估有效结合起来，有助于学习目标变得越来越清晰，从而增大学生达到这些目标的可能性。

> 评估三部曲

- 当你设计评估标准时，请考虑下面的问题：这个评估体现了你真正想要衡量的内容了吗？它能告诉你哪些是你想了解学生的学习状况了吗？它要求学生提供一些和学习内容相关的信息了吗？

- 在你教下一个单元时，你可以预先确定学生掌握单元学习目标时的具体衡量标准。然后，设计一个评价量规，描绘在掌握目标的整个过程中需要经历的各个阶段。你可以利用这个量规来帮助学生更精确地了解自己在学习的道路上究竟处于什么位置，扮演什么角色。

- 查看你的教学记事本。确定它是否为你提供了精确的评估，是否帮助你及时追踪了学生的学习进度，是否记录了在完成任务的过程中需要注意的要点。

学习活动要与学习目标匹配

太多的时候，我们在没有仔细思考学习活动是否真的能够帮助我们的学生掌握学习目标的情况下，就盲目地开展一些教学活动。

最近，我和一组六年级的数学老师一起工作，他们正在计划着一堂介绍几何学概念的课。我为他们提供了这个单元的教学计划模板。

"嘿，我们可以和学生玩一个寻宝游戏。"一个老师大声说道，"我上个星期和学生玩了一个，他们都很喜欢。"

"好主意。"另一个老师赞同道，"三角形、正方形、圆形等不同形状的宝物能激发学生的学习兴趣。"

"哦，这个方法我喜欢。"第三个老师附和道。

我打断道："这些教学活动和你们的目标有什么关系？"这些老师突然沉默了，他们开始思考。

"好吧。我们的目标是学生能够掌握和利用坐标几何的知识。"一个老师解释道。

"非常好。"我点点头回答道，"那么这个活动如何帮助学生达到学习目标呢？"

老师们沉默了一会，支支吾吾地说："并不完全是这样的。它们更多的是帮助学生识别不同的图形。"

我问道："寻宝游戏能够帮助学生理解和运用坐标几何吗？"

"并不完全是这样的。"老师们承认道。

"那为什么我们不重新调整一下重点呢？"我建议道，"为了达到目标，学生必须做什么呢？"

"嗯，他们必须识别不同的图形。"一个老师回答道。

"好的，还有其他的吗？"

老师们看着学习目标说："他们必须使用坐标来描绘和分析图形。"

"关于坐标几何，学生必须知道些什么？"我紧接着问道。

老师们开始列出学生需要掌握的技能清单。当他们完成的时候，我又问："这张清单中的哪些技能是学生已经掌握了的，你们又是如何判断学生已经掌握了这一知识的？"

不得不承认，在教学过程中，很多老师都远离了自己的初衷。事实上，一旦将学习重心放在学习目标上，整个教与学的过程都会得到很大的转变，老师会将更多的精力集中在帮助学生掌握学习目标上，而不再是将精力浪费在一些看似能激起学生兴趣，实则没有意义的教学活动上。这就是教学的关键！

> 话虽如此，但是……每一个学习活动真的必须符合学习目标吗？难道有些学习活动就因为和学习目标没有直接关联，就意味着它们本身就不是好活动了吗？

所有的老师都希望学生能对学习感兴趣，不可否认，很多的学习活动确实很有趣，也的确包含了一些有价值的知识。但是，当这些活动并不能和学习目标很好地匹配时，你就要认真考虑是要把有限的教学时间花在这些有趣的活动上，还是花在那些能够帮助学生很好地达到课程标准的学习活动上。尽管它们很有趣，甚至能够让学生接触一些教学标准中没有涉及到的知识，但是如果你花在与学习目标关系不大的教学活动上的时间和精力过多的话，你会让学生落后于他们本应该达到的水平。

如果你在没有明确目标的情况下为学生提供一系列的学习活动，这会使得每一个活动看上去都变得同等重要，没法区分它们的轻重缓急，因为你没有针对这些活动对学生提出明确的期望。在这种情况下，学生更有可能倾向于参加那些看上去非常迷人的学习活动，而这些活动通常和学习目标关系不大。对于学生而言，他们仅仅是熬过了学习时间和上课要求而已。但是，当学习目标和学习活动之间确实较为匹配时，学生就能够理解你的期望，并积极参加学习活动。

老师如何安排教学目标

在我看来，课堂计划非常有趣。我喜欢为我的学生安排新的学习活动，创造有趣的教学环节。但是，不得不承认，我在家里计划得非常完美的课程，在课堂上真正实施起来却仍然很难产生我想象中的效果。

有一年，我参加了一个夏季会议，一位演讲者和我们谈论了单元教学设计的思路。他建议我们先写好整个单元的教学计划，而不是先为每一堂课做单独的计划，这启发了我采用不同的方法来设计我的课堂计划。

我抛弃了自己一直使用的基于"我想教什么"的课堂计划模式，开始利用学习标准来制订课堂计划。我不仅仅参考了传统的课程标准，而且花了很多时间分析以前的考试，并罗列出一些我认为可以帮助学生回答每一个课后问题的知识。然后，我系统地浏览了这份目标清单，将一些相似的或者相关联的知识分门别类。接下来，我详细地查看每一个类别的目标，并试图为这些知识确定一个逻辑的先后顺序。比如，在学生学习写一个段落之前，他们是否应该先学习写一个清晰的论点？在学生学习使用写作手法之前，他们是否需要先学会利用修辞手法分析文章呢？

我确定了知识的逻辑顺序后，就开始计划我的单元教学。对于每个单元，我都会罗列出一些在单元学习结束后学生需要掌握的知识和技能，不仅如此，我还会对我的教学范围和顺序进行大致的规划，我标明哪些工作我必须去做，才能更好地教导学生。我还收集了我需要的一些资源。在我走进学校的第一天，我就有了开学六周的计划以及一整年的教学筹划蓝图。这是多么与众不同啊！

最后，我为每一个单元创建了总结评估，这个评估会检测学生是否已经掌握了这个单元的知识和技能。这个评估有时是一份作业，有时是一张试卷，有时它可能是一篇文章或者一个项目或者一次研讨会。通常，我会选择我认为最适合让学生展示他们所掌握的技能和知识的评估方式。

在这一年中，我不得不放弃一些我非常喜欢的教学活动，因为我意识到尽管这些教学活动引人入胜，但是它们很难让我的学生透过表面现象看本质，学生往往停留在对这些活动反映出来的主题的肤浅的认识上，却不能对知识有更深入的理解，所以，我不得不放弃它们。

在第一年中，我放弃了认为自己是教室里最聪明的人的想法，放开了对课堂的控制，同时也放弃了那种认为老师该做什么、学生该做什么的固有观念。我曾经惯于实行严格的纪律，现在我却和48个16岁的孩子分享教学的各种事务。有时，我并不想失去控制。有时，当学生质疑我所做的事情时，我也很想用"因为我是你的老师"反驳他们！有时，我的学生也会因为我没有给他们答案而备受挫折。的确，教学并不总是舒适和有趣的。很多的日子里，它充满着大量艰难的工作。

但是，值得高兴的是，最后的结果总是皆大欢喜的，我的这届学生比往届学生学会了更多的知识和技能，他们的学习水平也得到了相应的提高，他们也参与了更多的学习活动，获得了更多的学习成果。

同时，我也有了更多的时间进行教学和放松心情。我懂得了在细分教学标准之前就投入了大量的时间和精力确定了目标的衡量标准和实现目标的步骤，我的教学比以前更集中和专注，我的教学活动比以前更贴近现实生活，我的学生也比以前更加愿意将时间和精力投入到学习之中，因为他们明白了学习任务能够有效地帮助他们实现学习目标。

鼓励学生写下自己的目标

在很多学生看来，如果自己写下了书面目标却没有实现的话，将会让人感到非常难堪！因此，大多数学生没有书面目标也就不那么奇怪了。即使有些学生知道自己的目标，他们也往往害怕承认它们，更不用说把目标以书面形式写下来了，他们担心自己的目标不现实，也担心自己可能无法实现这些目标。顺便说一下，这同样也是很多成年人不写下自己书面目标的原因。但是，把目标写下来后产生的压力也会在一定程度上督促你为实现目标而努力奋斗，因此请你督促自己还有你的学生写下书面目标吧。它只需几分钟的时间，却可以让你们的生活发生翻天覆地的改变！

举个例子，假设你正在减肥，如果你没有将这个目标告诉别人，这样的减肥对你来说其实没有任何真正的压力。因为如果你失败了，没有人会知道，只有你！如果你在减肥，并且把这个目标告诉了所有你认识的人，你会更容易成功，因为你明白大家已经知道你的减肥目标，这点小小的压力对你来说是一件好事，它会帮助你更加有动力坚持下去！

让你的学生写下一到三个他们希望能够完成的目标。同时，你需要提供一些鼓励的话，帮助他们朝着这个目标努力前进。我们建议你记录下每个学生的目标，然后将这些目标保存起来。偶尔，你可以利用它们来督促学生进步，也可以追踪学生在实现这些目标的过程中所获得的进展，这将有助于鼓励学生为获得成功而努力奋斗，这个方法也向学生传达了这样的信息——你关心每一个学生！

Tips
教学小贴士

1. 通过细分课程标准，你可以判断这些标准要求学生掌握的是内容性目标还是程序性目标。

2. 通过课程标准，寻找在你的课程中内容性目标或者程序性目标隐含着哪些需要学生掌握的知识和技能。

3. 把目标细分成更小的"段"以及更易管理的"块"。换句话说，就是详细记录实现掌握目标的轨迹，并识别在实现目标过程中的重要检验点。

4. 所有学习活动都应该与学习目标相匹配。

5. 仔细分析学习目标。

6. 和学生、家长有效沟通学习目标。

第 3 章

如何教出优质学生

> 相信所有的学生都可以高标准地完成学习任务,即便他们离这一目标还相去甚远,需要相当长的时间才能达到这个高度。教师们应该把这一理念应用于教学实践中,并时刻准备应对面临的困境,给予学生最好的支持。
>
> ——乔纳森·萨菲尔

对学生抱有高期望

几年前,我曾担任过一个专题研讨会的领导工作,这个研讨会要求非常严格。我的听众是一群高中老师。我帮助他们区分他们的教学实践,为的是使他们能够让所有的学生都接触到更为严谨的教学。我才开始我的陈述,就感觉到这些老师完全是在数着时间等待散会。很多老师都阴沉着脸,双手交叉抱在胸前。还有一些人则心不在焉地在研讨会的材料纸上乱写乱画,偷偷摸摸地玩字谜游戏,或者读报纸。有几个甚至还小声地相互抱怨。会议进行得并不顺利。

在会议进行了15分钟的时候,我决定采取应对策略。我对老师们说:"我打算将会议先暂停一会儿,因为我发现我在陈述的时候犯了一个重大的错误。"说着我停止了我的幻灯片演示,"我本来以为大家会对我陈述的内容达成基本一致,但很明显,我错了。所以,让我们休息一会。"

这时,有几个人开始望着我。他们停止了低语,并且好奇地注视着我,我问道:"你们当中有多少是迫不得已才来参加这次研讨会的?"这些老师不好意思地对我笑了笑,然后举起了手。"哈哈。"我笑了,"好吧,既然你们无论如何都得来开这个会,我们最好不要让时间白白浪费掉。你们今天何不告诉我不想参加这次研讨会的原因呢?"

这些老师在座位上变得不安起来,有的人紧张地翻阅着会议材料,有的人则在查看议事日程并看着钟。我装出一副很不着急的样子,倚在前面的桌子上,这时房间里变得鸦雀无声。最后还是一个胆大的人举起了手:"瞧,你似乎很努力地准备了这次会议陈述,但问题是我们并不需要更多的教学策略。我知道怎样上好我的生物课,问题在于这些学生。他们没有学习积极性,有的学生甚至不具备最基本的学习技能。当他们现在不能甚至不愿完成我布置的任务时,我还能更严格地要求他们吗?"

我还来不及回答这一位老师的问题,另一位老师便大声地说了起来:"现在有那么多令他们分心的事。他们玩游戏,发短信等。"

"确实是这样。"又一位老师开口说道,"我的学生甚至不做家庭作业,我难道还能增加我教的这门课的学习难度吗? 我教的是世界历史,我要他们看书,但他们根本就不看。他们完全跟不上规定的教学进度,我真替他们担心下个月即将到来的期末考试。所以,我现在所要考虑的并不是教学难度,而是如何努力让他们能够在考试前完成这门课的学习。"

我站在那里,倾听着老师们所说的他们真正所关心的事情。最后,我说:"尽管我们开始是打算谈论教学难度的,但是现在听起来好像我们应该花点时间来谈谈教学期望。"

我一说完,老师们便开始兴奋起来。一位老师举起了手:"我并不需你来告诉我应该如何对我的学生抱有高的期望。如果你去看看我的教学大纲,你会发现,在我所教的课程里学生应该完成的任务,都包含着我非常高的期望。但是,不论我的期望有多高,他们都不能达到我的期望。据我推测在我所教的这门课里面,至少有60%的学生永远都不可能获得高于D的分数。这并不是因为我对他们期望不高,而是因为他们跟不上,还不愿意完成作业。"其他老师也赞同地点了点头。

我笑了:"别着急。我并不是想要长篇大论地告诉你们应该对学生抱有高期望。但是,我认为我们确实有必要注意一下我们对自己的期望值。"我走向我的笔记本电脑,并把它关了。"何不把你们的研讨会材料先放一边?我们下午再来研究它们。"说着我拿起笔,走向黑板说道,"现在请告诉我,我们所说的'高期望'是什么意思?"

大多数老师都认为自己应该让学生达到高期望。但遗憾的是,没有人告诉我们应该如何着手。我们是不是一遍又一遍地告诉自己,所有的学生都具备学习的能力,直到我们完全相信了这句话?我们是不是盲目地相信我们的学生,即使所有的迹象都与之相反?我们是不是把我们所教的学生幻想成我们希望教的学生,并且忽视掉这些我们真正所教的学生?

绝大多数的老师都在为高期望而努力。但是,在多数情况下,一旦你对学生抱有高期望,你就不得不忽视这些坐在你面前的学生面临的现状。譬如说,你上的是微积分,而你的学生还不能进行乘、除运算,要求你的学生在年终能掌握微积分就有很大的难度。学生实际所掌握的知识和学生理应掌握的知识之间存在着巨大的差距。如果学生们在读了11或是12年的书之后还没有掌握一些基本的技能,那有谁会相信在短短的一学期或是一学年里他们能掌握其他一些更为复杂的技能呢?

然而,有人告诉我们,影响学生的关键实际上是老师必须要对他们抱有高期望。那么,老师的这些期望究竟应该以什么为基础呢?我们当然不能总是把这些期望建立在我们眼前所看到的这些事实上面,特别是学生的实际表现与我们认为学生应该具有的表现相互矛盾时。我们的期望是不是以相信学生具有内在学习的能力为基础的?我们是不是要固执己见地坚持自己的高期望,即使我们面临的学生似乎并不具备应有的学习能力或是根本没有学习的积极性?

话虽如此，但是……我已经有了高标准。

十分有趣的是，大部分老师都认为他们对学生抱有高期望，但是你若是细究他们所说的，你就会发现他们实际上所指的是对学生的高标准，而不是高期望。这二者之间有一个细微但极其重要的区别。

期望与标准之间的区别在于标准是界限，而期望是我们就学生能否达到这一界限的信念。标准是衡量一件产品的外在尺度。

一个提高教师期望的惯用方法就是提高教学标准，而这些教学标准被用来评估教师和学生。提倡这一方法的人认为若采用相同的教学标准，老师们就会对学生们应该获取的知识和能力有一个清楚的了解。然而，这个方法却犯了根本性的错误。正如朱迪丝·劳埃德·耶罗所指出的"没有任何教学标准却还对学生抱有极高的教学期望，这样的情况是可能存在的。反过来说，也有可能存在对学生的期望非常低，即便外在的教学标准非常高"。

提高教学标准和提高教学期望是两码事。让学生接触到越来越多的知识并不能改变我们对某个学生能否掌握这些知识的看法。

在提高教学标准和提高教学期望之间不存在任何因果关系。这仅仅是因为提高了你的教学标准并不意味着你同时也改变了你对一个学生能否达到这一教学标准的看法。实际上，对立的情况也存在。如果你认为你的学生不能够达到你之前的教学标准，那么你又怎能觉得他们能达到你新制定的更高标准呢？然后，更高的教学标准可能实际上就变成了更低的教学期望。

曾经有专家建议改变教师的教学信念。他们认为改变教师信念的方法是让教师"假装达到了"。换而言之，老师假装对学生抱有高期望，即便他们并不抱有。有人建议他们装着好像他们相信学生有达到教学标准的能力，在学生回答问题时给予鼓励性地点头赞许，大方地表扬学生，以及让学生有更多的时间达到教学标准。这一观点认为学生会因为这些举动而坚定信心，然后达到我们假装出来的期望。

但是，这算是最有可能伤害学生的建议之一了。这个方法中存在的问题是如果你仅仅只是调整你的教学行为，而没有改变你的教学观点，那么你迟早会泄露你真正的教学期望。因为期望是相信某件事情会发生，你的行为最终会显示出你真正相信的。如果我相信今天会下雨，那么去工作时我就会带一把雨伞。如果我相信今天不会下雨，那么我就会把伞留在家里。如果你确实认为你的学生不能达到你的教学目标，那么你的这种看法就会在你和学生互动的时候逐渐表露出来。

让学生取得最大的进步

众所皆知，学生所取得的成就和老师的期望有着密切的联系，这是一个不争的事实！对此，你是怎么想的？

通常，期望影响着人们生活的成败，在课堂上也是如此，我们的期望同样影响着学生的成败。如果你认为学生能做到，他们通常会努力去做到。如果你认为学生不行，他们通常真的会失败。这就是我们要对每一个学生抱有较高且合理的期望的真正原因。

大量的研究已经表明，对学生抱有很高期望的老师通常会取得更高的成就，他们的学生也会有更优异的表现。反之亦然。如果你期望学生胡作非为，他通常会这么做。如果你指望他表现得很糟糕，他通常也会随你所愿。事实上，每个学生通常会更容易完成老师所期望他们完成的事情，这可能有助于解释为什么每年那些对学生有着高期望的老师总能得到"好学生"的现象！

当然，如果你仅仅是对学生有着很高的期望，那是远远不够的。你必须明确地告诉学生你对他们的期望，告诉他们，你坚信他们一定能够完成你希望他们完成的事情，坚信他们能够像你所期待的那样去选择他们的行为方式，并且坚信他们一定能成为我们期望他们成为的人。表达了这些期望之后，我们就要积极主动地引导学生如何脚踏实地实现那些期望。当他们动摇的时候，他们会在心中不断重复你对他们的信任和期望，这将激励学生在不平坦的人生道路上坚定不移地勇往直前。

> **话虽如此，但是……不论我多有本事，朽木毕竟不可雕也。**
>
> 如果学生对我们有如此多的需求，我们有时会很难对自己有高期望。看着我们真实的教学处境，我们的学生比年级平均水平低了三级，他们的学习技能实在太糟糕了，他们甚至不能完成最简单的学习任务，他们在学校几乎不学习，我们不得不一点一点地克服这些困难。这让我想起雕刻家在最初看到粗陋的石头时，他应该很难把它想象成一件唯美的艺术品吧。但是，雕刻家一次处理一小部分，这里凿一刀，那里调整一下，作品最终会变得愈加完美。

教书也是同样的道理。把我们的教学目标划分成一个个更小的目标，然后朝着这些小目标迈进，可能会对我们的教学工作有所帮助。我们不能万事一把抓，而应该从那些能够让学生取得最大进步的学习技能开始着手。

老师应该提高对自身的期望值

学生对于老师向来都非常敏感，他们很快就会注意到我们对他们的期望，然后对我们是哪种类型的老师做出判断，据此决定在我们的课堂上学习时的努力程度。我曾经见过这样的学生，在任课教师对他们期望高的科目上他们拼命学习。而同样是这些学生，在对待其他老师所教的学科时，他们则不怎么上心。这是千真万确的事情。学生们会提升自己达到我们所期望的学习水平。

但是，我们很少考虑提升自身的教学水准以达到我们的教学期望。我们若是相信我们能够影响到一个学生，那么我们就使出浑身解数，竭尽全力确保那个学生能够取得好成绩。我们若是对我们的教学能力充满信心，那么无论学生学习成绩好与坏，我们都会对此承担起责任。然而，我们若认为自己对这些学生实在无计可施，那么我们就停止努力。我们若对我们的教学能力没有信心，那么我们就应该降低我们的教学期望，去设定一些我们认为自己力所能及的教学目标。因此，当你认为学生不可能实现某个目标时，你其实是在说你认为你自己没有能力帮助学生实现这一目标。

有些老师之所以在教学过程中会犯错，有的是因为没有一个严密的教学计划，有的是虽然有一个严谨的教学计划，但是在教学过程中并没有期盼学生会达到我们所设定的教学目标。这两个途径都事先假定学生不能完成学习任务，一个是把障碍设得太低，另一个是在把障碍设得太高的同时又承认学生永远都不可能越过这个障碍。

我们当中也有一些老师以"接受现实"为借口掩盖我们对学生的低期望，并辩解道，与其盲目地相信学生会掌握课程内容，还不如接受这一更为现实的看法，简单地从学生目前的学习水平着手，既不给学生造成学习上的负担，自己也轻松。

有人认为，这两个途径都源于教师对多年以来令其屡屡受挫的教学期望的失望，我则认为问题远比这要复杂得多。我和老师们共事得越多，我就越能体会到降低教学期望其实是一种自我保护的措施。降低教学期望是为了缩小我们自身所理解的好的教学和我们对自身能力在目前特定的教学环境下进行教学的认识的差距。无论我们如何为低期望进行开脱，低期望总是更多地说明了我们对自己教学能力的信心，而不是我们对学生的信心。如果你想提高对学生的期望值，那么你首先必须要提高对你自己的期望值。

> 话虽如此，但是……难道学生就不应该为此负一定责任吗？

通常说来，学生似乎为他们自己的学业所负的责任越来越少，而老师却为此担负起越来越多的责任。但是，让你自己抱有高期望并不是减轻学生的责任，而是要对学生和教学进行统筹安排，不是在工作时承担起学生的那部分责任，而是发展自己的能力并相信无论学生目前的学习基础如何，你都有能力让学生达到他们应该达到的学习水平。

如果我们想让学生变得更负责，那么我们必须要求他们像个有责任心的人那样做事。提高对自身的期望值实际上是要求你的学生更有责任感。我们会在第7章中更详细地讨论这一点。

我和一些高中教师正在研究如何才能有效地帮助学习有困难的学生，在他们需要大范围的补习之前能够及时给予他们帮助。此时我看到一位名叫凯瑟琳的代数老师，很不屑地哼了一声。

"凯瑟琳，有问题吗？"我问道。

"如果学生们基础太差，他们永远都不可能赶上来，那么我们怎么帮助也没有用。"

"是什么让你认为学生们永远都不可能赶上来的？"我真想知道。

她叹着气说："因为他们的基础实在太差了。我们就快要考试了，我可没有时间等着他们把之前就应该掌握的知识补上来。此外，我还要在这个学年结束之前把这门课教完，根本就没有时间给他们补课。"

听完凯瑟琳老师的解释，我问她："那你觉得学生们可以做得更好一点吗？"

凯瑟琳想了想："我知道我应该说我相信他们可以，但是老实说，我不相信。我对他们已经尽力了，但他们还是不懂。我甚至主动提出放学后留下来帮助他们学习，但是他们很少露面。"

凯瑟琳的意见代表了很多老师的看法。他们面临着来自外界的种种限制和压力，他们觉得自己跟学生一样努力。然而，还是不能让学生沿着课程所指引的方向进行学习，而考试却要求他们必须按照课程进行教学。他们已经竭尽全力了，所以他们认为问题应该是出在学生身上。

但是，如果你更加深入地认识这件事，你会发现导致凯瑟琳受挫的根本原因是她自身的局限性而不是学生的能力。她有压力，她没有足够的时间，她尽了全力但是没有看到任何成效。所以，她认为学生应该是问题的症结所在。凯瑟琳对学生的学习能力做出评价仅仅是在穷尽了她所知道的教学方法却没有成功之后。

我很想让凯瑟琳明白她自己所抱有的期望,其实并不是针对学生的,而是对她自己的。"你觉得你能帮助学生在这个学年结束之前掌握这些知识吗?"

她摇着头说:"不能,他们基础实在太差。"

"他们的基础究竟有多差?我的意思是,为了通过期末考试,他们必须掌握却没有掌握的东西是什么?"

凯瑟琳开始变得不高兴了:"他们连最基础的知识都不知道。他们做加、减、乘、除运算都有困难。他们不学习。他们不知道怎样做笔记。"

我温和地问道:"凯瑟琳,你能不能教他们这些东西呢?"

她看着我,我能感觉到她正在努力理清我说话的目的:"当然,我可以教他们这些,但是我没有必要这么做。"

"凯瑟琳,我知道你没有必要这么做,但是你是不是觉得这些东西很重要呢?"

"是很重要。"

"如果你的学生掌握了这些学习技能,他们能学习代数了吗?"

"能。"

"和你的学生复习这些学习技能需要多长时间?"

她闪烁其词:"我不知道,我想应该不长。"

"在教给他们这些技能的同时,有没有办法继续教你的这门课?也许你可以进行一次集中复习?"

"我想我可以做得到。"凯瑟琳勉强地承认道。

现在,谈话从学生不能做的转移到了凯瑟琳能够做到的。我们现在所考虑的并不是纠结于这个问题本身,而是凯瑟琳该如何解决这个问题。这正是从你对你自己的期望与从你对学生的期望这两个角度看待期望的区别所在。问题也由"我能教这些学生吗"转变为"我应该怎样教这些学生",与其因为那些不能为你所掌控的外在障碍而感到气馁,还不如做些你觉得你能做的事情。

如何让学生变得更优秀

- 找一位和你的学生相处十分融洽的老师,和那位老师一起讨论教学策略,合作制订教学计划,两个人互相学习,共同扶持,探讨教学策略,让你和你的学生也能够融洽相处。
- 利用下面几个问题,你可以制订出一个能够让你和学生相处融洽的计划。

1. 我想要学生学到什么?
2. 我怎样才能知道他们已经学会了?
3. 学生在学习上遇到困难时,我应该如何回应?

- 与其设法一次性解决所有的问题,还不如去找到一个"速赢"的办法。鼓励一个遇到挫折的学生,或者上一堂你确信自己能够掌控的课,或者尝试一个你在某次专题讨论会上学到的新技巧,或者做一件在这本书上你觉得最有可能成功的事吧。这些行动不仅可以建立信心,还可以使你从小的胜利中有所收获,并把这些新的教学技巧应用到更大的挑战中去。从现在开始,你就可以不断地取得成功,应对更多的严峻挑战。

相信自己能转变学生

有时,事实是如此的艰难,以至于你很难回忆起为什么你最初会从事教育教学工作。有时，你面临的残酷现实是如此的难以抵挡，以至于要坚持你的价值观，支撑你的信念都很困难。

在这样的情况下，你可以花点时间反思你所取得的成就。请仔细回想一下，你是不是曾经转变了某个不思进取的学生，并取得过一些成绩？你还记得当时的感觉如何？把注意力集中到那种感觉上，并且反问一下自己是做了什么才在当时的情况下产生出那种感觉。这可能会对你有所帮助。你也可以阅读一些能够让你饱受鼓舞的文章。我推荐帕克·J. 帕默的《教学的勇气》，它会逐步地帮你恢复你的教学激情。

为了提高我们的期望，我们必须毫不动摇地相信我们能转变我们的学生。

了解真实的自己

● 想要了解你的核心教学价值观，不防试试这个办法：将形容教师的10个最为重要的形容词列到一张纸上（如正直、慈爱、坦率、友善、明智、高效、智慧、领导力强、有幽默感等）。然后，划掉其中3个你最不看重的。接着，再划掉2个，现在纸上只留下5个。然后，再划掉2个，留下3个。最后，从纸上选出2个对你来说最重要的形容词。它们代表着你的核心教学价值观，你在教学过程中因为这2个词而满怀激情，而且你永远都不会舍弃它们。然后，请回顾一下你目前的教学实践活动是不是反映出了你的核心教学价值观。

● 若想要了解你真正相信的是什么，请留意你对教学环境和对自己掌控教学环境的评价。在一张纸的一面列出你在教学上的优势，即在教学中你真正擅长的是什么？在纸的背面列出你目前所处的教学环境中遇到的障碍。现在请比较你列出的正反两张表。你觉得你在教学上的优势足以克服你所遇到的障碍吗？是不是存在你无法克服的障碍？你需要形成哪些优势才能够克服眼前这些障碍？

坚信你所从事的工作很重要

如果我们相信我们所从事的事业是重要的，那么我们就更可能相信自己有办法帮助学生，并且我们一定会找到这个办法。

当我们将我们的信念建立在外部环境上时，我们就会遇到麻烦，我们的信念就容易受到环境变化的损害，受到每次变动的冲击。我们不能把自己的信念建立在发生在自身之外的事情上，信念必须来自内心。它必须建立在你的理想、你的价值观、你认为重要的事情之上。只有你的价值观才能驱动你的信念。

价值观同时也决定了哪些信息我们会认为重要，哪些信息我们会忽略掉。它们帮助我们为自己所持有的信念和所摒弃的信念提供强有力的依据。你越是觉得重要的东西，你越会重视，越会花时间和精力让它得以实现。因此，价值观不仅支撑着我们信念，而且是我们下定决心不顾一切坚持到底的动力。

然而，价值观也存在这样的一个问题，那就是当我们紧紧抓住价值观不放手的时候，他们并不总是如此显而易见。实际上，我们可能需要花一定的时间来发觉我们真正认为重要的东西是什么。那就是我们需要定期反省我们的教学实践，自觉地提醒自己从事教学工作的原因以及我们认为自己在学生的生活中所担任的根本角色。我们需要花时间来反省我们自己的价值观，并且思考价值观是如何影响我们在课堂上的效果的。

当然，很显然我们都有某种信念，我们的行为会显示出我们真正相信的是什么。因此，仅仅反省你的核心价值观是不够的，当你的教学实践与你的价值观相矛盾时你还必须保持警惕。你是不是说的和做的不一样？你有没有为学生做出好的示范？你有没有备课，即使你知道这堂课的学习内容对你的学生来说不够有挑战性，因为对他们越有挑战，就越需要你花更多的功夫？你有没有明明知道学生还没有准备好，也对他们进行考试，仅仅是因为考完之后你就可以继续下一部分的教学内容？请注意你所谓的核心价值，看看这些核心价值在你和学生的互动中是否起到了作用。如果没有起到作用，那么你就需要重新审视你是否真正重视那些你承诺自己会做到的事情。

> 话虽如此，但是……我根本就没有时间反思。我有正经事情要做。

反思是我们能够改变我们的思维方式和行为方式的最大促成因素。如果我们不花时间思考我们的行为，不再次审视我们的价值观，我们就可能愚蠢地接受某种毫无作用的教学方式，可能盲目地定义我们在课堂中所担任的角色，并且忽视与学生的互动。不反思，我们最终会丧失我们教学的意义。

作为老师，总是会有太多的工作等着你做。但是，花点时间反思你的行为，事实上会帮助你找到一个更好、更有效的方式来管理所有的事情。

> 话虽如此,但是……仅仅相信教学很重要,并不能解决所有的教学问题。

我并不是在宣扬信念能够神奇地解决你的所有问题,但是这却是极其关键的第一步。因为教学是不断变化的,你不可能马上找到应对课堂上遇到的所有挑战的方法。认识到教学的重要性有助于你和你的学生坚持下去,直到找到正确的解决方法。为了能够完成课堂上你必须完成的所有事情,以确保它在课堂上会发生,你必须相信你所从事的工作是重要的。所以,虽然信念并不是解决问题的唯一步骤,但是它是解决课堂挑战至关重要的第一步。

不要企图控制学生

当我面对着一群极不听话的学生时,我整个人都快要崩溃了。在晚餐之后,我要给一个男生23人、女生5人的班级上课。每天大概要花20分钟的时间才能让他们安静下来。甚至是在20分钟之后,我还是得不停地留意这些学生。他们要花两倍的时间才能完成和其他班同样的学习任务,而且他们似乎对学习内容完全不感兴趣。他们的书写实在太糟糕了,他们还很少完成家庭作业。上课时,他们要么就是做小动作,要么就是睡觉。起初,我费尽心思让他们学习。我试图激起他们的积极性。我试图让他们参与到班级讨论活动中来。我试图把他们的注意力引向莎士比亚的作品。但是,他们毫无兴趣。我还把他们的家长请到学校。吃晚餐的时候我把他们留在教室。我让他们的指导老师也来帮忙。我把他们叫到办公室训话。我把他们的成绩判为零分。但是，这一切似乎没有任何作用。那天当我在一个学生课桌旁边教育他时，我感觉自己跌到了谷底。突然，我闻到了烟味。转过身，我看到我的一个学生在垃圾箱里点起了火。我失望地对这些学生做出了一个结论：他们根本不爱学习。

我一直以为自己是一个充满活力、鼓舞人心的老师，但是这些学生似乎根本就不这么认为。他们不被我的课所鼓舞。我上课时，他们全然不想呆在教室里，而且他们很明显地故意让我意识到这一点。所以，我开始花大部分的时间来管理课堂纪律，而不是上课。我制定了许多班级规章制度，并以军队的精确度来完成教学的每一部分内容。我甚至停止了所有的班级讨论活动，因为我担心自己控制不了课堂纪律。很快，完全出乎我的意料，这个班级呈现出了我并不希望看到的面貌。

一天，课上到一半的时候，望着他们呆滞无神的脸，我意识到尽管现在他们是配合的，但是他们并没有学到任何东西。那一刻，我开始真正面对我的价值观。是学生们安安静静地配合我重要，还是他们积极地参与到课堂中，学着成为批判性思考者和给人印象深刻的交流者重要？是我感觉自己掌控住了这个班级重要，还是我的学生能学到知识重要？

我希望自己可以告诉你，就在那一刻我的班级神奇地转变了，但事实并非如此。在我决定改变之前，我做了一个星期的思想斗争，制定出一个更好的和学生打交道的制度，又花了几个星期的时间鼓起勇气试了一下。但即便是在那个时候，在实施的过程中我还是失误颇多。整个班级仍旧闹哄哄的，但到了学期末，他们安静了下来，不仅完成作业，而且学到了知识。我也帮助学生找到了正确的学习方法。重新审视并调整我的价值观，帮助我找到了即使眼前阻力重重但仍然要坚持教学的信念。

对教学充满激情

- 回想一下当初你为什么加入到教师队伍？作为一个老师，你希望自己取得什么样的成就？是什么吸引你从事这一行？你要增强自己的信念，保持对教学的热爱，就需要记住自己选择成为一名老师的初衷，记住自己仍旧认为教学十分重要的原因。如果你能够拾起当初的那份激情，那个驱使你从事这份职业的理想，那么你就可以很快增强你的信念。

- 明确说明学习的重要性，可以帮助学生领会到接受教育的重要性。一旦学生开始重视学习，他们就会对自己的学习担当起责任。

- 坚决要求学生完成每一次作业。如果你认为作业值得布置，那么它就值得让学生完成。如果学生没有完成作业，或者完成得不够好，那么他们就必须花更多的时间来改正。如果学生分数低，就不要让他们有舒缓的时间。延长学习时间（如晚餐期间、放学之后、休息时间等）让他们完成功课，让那些应付了事的学生留下来。在坚决要求学生竭尽全力的同时，请记得给他们提供必要的帮助。

问正确的问题，做出正确的决定

我们每天都在课堂上接触大量的信息。显然，我们不可能把注意力集中在所有的信息上面。我们只会接收我们愿意接收的信息。

举个例子，某个老师所教的一群学生阅读水平可能要比现有年级的水平要低一个甚至多个等级，因为老师认为她没有能力提高学生的阅读水平,所以她认为自己在举行考试之前不可能完成教学任务。另一个老师在进行教学时,可能知道它需要多少工作量,他觉得在这么短的时间内这是不可能完成的。这个老师可能就会降低对学生的教学期望,他会在脑海里预估这一学年里学生真正能够完成多少学习任务,并据此进行教学。第三个老师可能会觉得在考试进行之前他有能力使学生提高到应有的水平,并且开始着手教学计划,以确保学生满足教学标准的要求。三个老师面对的是同样的信息,但是在面对如此庞大的教学任务时,他们根据自己的信念、能力各自做出了不同的判定。

在各种情况下,老师们面对的是相同的信息,但是对同样的信息的理解又决定了教学效果和进度。第一位老师基于学生低于年级水平这一事实,并根据自己现有的教学能力,判断出她不可能完成教学任务。第二位老师面对教学任务,根据自己对教学的信念,判断出他不能够完成任务。第三位老师在面对教学任务的时候,根据自己的信念,判断出完成教学任务是可能的。每位老师都通过自我信念对实际信息进行过滤。

因此,老师对信息的理解决定了他们的教学手段和教学理念,那么你该如何改变自己的信念,以使自己能够以正确的方式来理解信息呢?

答案就是要问正确的问题。问正确的问题有助于你更注意你所关注的现实和经历,有助于你慎重地对信息产生正确的理解。如果你这样做,你就更容易调整自己的信念,从而改变自己的期望。

问正确的问题首先要保持谦逊谨慎的态度,知道自己不可能获得全部的答案。这就意味着你必须思考自己作为一名老师的优势和弱势,意味着你必须和自己的学生进行交谈,并试着理解他们的观点,意味着你必须熟悉学生的思维方式，并大方地接受学生对事物的不同理解，意味着仅仅是搜集这些信息，不责怪学生和你自己。

你需要问以下4个重要的问题：

1. 我目前的教学技能和教学策略是什么？
2. 手头的教学任务有什么要求和限制？
3. 目前的教学技能和教学策略是否能够应付手头的教学任务？
4. 如果不能，那么我能做些什么？

这四个问题的答案能够让我们在教育学生时做出更好的决定。你若是冷静地回答这些问题，你很快就能做出正确的决定。有时，你会领会到你需要做点不一样的事情。有时，你又会发现你需要停止做某件事情。

这种方式有助于你依据现在的实际情况更加准确地对课堂中会发生什么进行准确的预测，而不会对即将发生的错误毫无察觉。举个例子来说吧，如果学生没交齐家庭作业，老师们就可能会不顾这一事实，继续卖力地上后面的课，或者把学生缺交作业归咎于学生没有学习积极性。其实，此时老师的正确做法就是应该要冷静地面对学生不交作业这一事实，挖掘出事情发生的原因，既要接受他们可能没有学习积极性的事实，也要问问自己"为什么他们没有学习积极性？"要不断挖掘直到查明问题的真相，不要把精力放在责备学生上，而要放在学生现有的能力以及我们应该如何帮助他们上来。只有这样你才能彻底解决这一问题。

提高学生成绩的法宝

● 分析目前的教学任务，考虑一下任务的艰巨性，想想要顺利完成教学任务你要为之付出多少努力。仔细想想如下问题：学生目前的学习能力和积极性如何？恰当的教学策略是什么？运用这些策略时你能熟练到什么程度？这一教学任务将会产生什么管理问题？你需要哪些教学资源？哪些教学资源是可以利用的？你应该如何最大限度地让学生参与课堂并获得成功？

- 根据你对教学任务的评估，你现在觉得哪些因素导致了学生学习成绩不理想？如果要提高学生的成绩，你应该怎么办？
- 制作一张"停止做"的清单，在这张清单里你可以列出你目前在做却没有产生你所期望的成效的所有事情。停止手头的这些吧。
- 为那些第一次没有理解知识的学生制订一个计划。

如何面对教学不理想的事实

面对教学不理想的现实时，我们非常容易变得灰心丧气。看着眼前的学生，面对他们的缺点，很想就此放弃。

但是我们必须面对现实，只有这样才能帮助我们明白自己身处的现状，我们才会拥有坚定的信念"无论现实环境怎样，我一定要朝目标勇敢迈进"。

尽管我们对自己的使命有着坚定不移的信念，教育学生也从不松懈，但是我们忽视了我们的现实情况：我们不关注教学任务的真正要求，不重视我们在教学方面的局限，并且没有采取实际行动缓解这两个问题。结果，尽管我们信念坚定，但是我们并不能成功地教育学生，而且可能丧失所有的教学信念。

教学工作的确十分艰巨。抱怨学生、责备家长、把责任归咎于学校教育系统、教学资源缺乏等，这些都很容易。但是，如果你想在教学上取得成功，就请面对现实吧。和我们处于同样情况下的老师大有人在，然而他们却成功地让学生的学习成绩提高了。他们面对着同样的学生，同样由来已久的教学障碍，同样的资源匮乏，同样的学生需求，但是他们却获得了成功。一个老师能否成功与老师个人的现实情况没有多大关联。与之真正相关的是这些老师如何看待他们各自的现实情况。是的，优秀的教师勇于承认这些不利的现实。但是，无论学生是什么样子，他们都相信自己有能力对这些学生产生影响，承认不利现实并没有改变他们这一坚定的信念。

教学中应遵循的准则

当我在一所中学担任校长的时候，我们一个星期要开两次教学会议。在开会的时候，我们会讨论学生的学习进步情况。根据学生的行为表现或者学习成绩，我们会首先讨论那些我们认为比较危险的学生。某天，我们以对杰克的讨论开始了整个会议。

"无论我带他复习多少遍，每次考试，杰克都不及格。"作为他的英语老师，辛迪抱怨说，"这可真要把我逼疯了。"

"数学课上，我也有同样的困扰。他看起来就是不理解。"理查德打断了她的讲话。

劳拉倾听着老师们宣泄他们在教学中遇到的挫折，突然说道："我也有着和大家同样的问题，但是我想我已经弄清楚杰克出什么问题了。"

"你是怎么做到的？"他们好奇地问道。

"上个星期，我们进行了一次地图考试，像往常一样他又考得很糟糕。开始，我以为是他没有认真学习，为了能够让他和我一起复习，然后再进行一次测验，放学后我把他留了下来。我们一起复习了教材,我意识到他学习了教材,并且已经掌握了教材内容。所以,我又考了他一遍,但是他的成绩没有任何提高。"

"你觉得他有学习障碍吗?"埃里卡问道。

"我也考虑过这个问题。"劳拉承认道,"但是我并不确定。他似乎在学习知识的时候没有什么问题。他只是不知道要怎样向我表明他已经掌握了教材内容。我很想知道我要怎样才能让他向我表现出来。"

"你是怎么做的呢?"理查德问道。

"我给了他另外一张地图,并要他口头回答我各个地方的地理名称。"

"那有用吗?"杰克的科学老师布伦达问道。

"嗯,有一点点作用,但是我觉得我们可以做得更好。在这次小测验之后,他告诉我,他在判断各个国家的地理位置时仍旧有困难,他仍旧会将很多国家相互混淆。他说他的脑海里会浮现出那张地图,但是当他面对一张真实的地图时,他还是很难开始动手。我觉得我还没能解决这个问题。"

"真不幸,劳拉。"辛迪叹了口气,"就这件事情,你肯定在杰克身上花费了不少时间和精力。"

"我知道。"劳拉笑着说,"但是我很好奇。我想弄清楚我该怎样帮助他。"

"你弄清楚了吗?"辛迪问道。

"我想我弄清楚了。"劳拉缓缓地说,"我又给了他一张地图。这一次,我要他看着整张地图,然后遮住地图的三分之一。在他填好那三分之一的地图后,我把它盖住,然后又让他填了三分之一,最后按同样的方法,杰克做完剩下的三分之一。于是,整张试卷他得了八十分。"

小组讨论了劳拉的教学方法以及如何将其运用于他们的课堂教学中。会议结束后,我问劳拉她是如何弄懂杰克的需要,为什么她要花这么多时间进行尝试。

她耸了耸肩:"班上的一个孩子总是不及格,我觉得不对劲。如果他总是不及格,那就意味着我还没有找到让他听懂的正确方法。所以,我一直努力探寻,直到问题得到解决。"

这就是我们对自己期望高的动力所在。我们若是坚持这么做,我们就会找到问题的解决方法,否则我们就可能会放弃那个学生。这绝不是因为对学生的盲目信任驱使着我们,而是我们自己的信心激励着我们这样做。

Tips
教学小贴士

1. 提高你对自己的期望。

2. 提高你的价值观,学着对你认为重要的事情持以坚定不移的信念。

3. 坚定你的信念,学会面对不利的现实。

4. 维持你的高期望,鼓励学生应对学习中的各种困难。

第4章

为学生提供有力的支持

真正的做学问是指懂得如何运用所学到的超越所想到的。

——杰罗姆·布鲁纳

学生到底怎么了

刚从事教学工作的时候,我从来没按时吃过晚餐。我忙着批改作业、给学生补课、进行家访,这是我第一次给学生上课时就希望他们能够理解的。尽管这样,还是有很多学生排着队等待我的帮助和关注。这就好像一个无限的循环。

我想如果在课堂上我能够把一些东西解释得更加明了一些,那么晚餐时间和放学之后我就不必给这么多学生进行辅导了。于是,我对我的上课方式进行了一定的调整,我努力完善我的讲义和课程安排,甚至在学生回答问题时留给他们更多的时间进行思考。但是,需要我帮助的学生的数量丝毫没有减少。

对待工作,我已经竭尽全力,我总是没有很多的时间备课、讲课、批作业以及辅导学生。我感到万分沮丧,我开始对学生感到不满,不情愿给他们帮助。特别是在接二连三的考试之后,他们的成绩丝毫没有起色或者成绩提高得不够快的时候,我甚至开始责怪他们。我把责任归咎于他们学习不够努力、基础太差,认为他们根本不可能提高自己的成绩。

我花了大量的时间对学生实施补救措施,结果却令我非常沮丧。最终,我找到了一个好办法,那就是及时找到学生的困惑,对症下药。要是那个时候我知道如何发现学生的困惑,并且积极主动地帮助学生该多好啊。

老师与学生之间的知识偏差

在学校,我通常会为学生布置作业,以考查他们对知识的掌握情况。如果学生没有很好地完成作业,我就会教训他们。奇普·希思博士将这种模式称为知识偏差(知识偏差是指当我们尝试理解一个更不知情的观点时,不能忽略自己拥有的额外信息并受此影响而产生偏差的倾向)模式。在他的著作《为什么我们记住了这些而忘掉了那些》中,他讲述了由伊丽莎白·牛顿组织的一个实验,这个实验完美地阐释了知识偏差。

牛顿博士设计了一个游戏,她把参加实验的人分为两组,一组被指定为"轻敲者",另一组被指定为"听众"。轻敲者的任务是在一系列大众熟悉的歌曲中挑选出一首歌,譬如《生日快乐》,然后为听众敲出这首歌的旋律。听众的任务就是猜出歌曲的名字。

牛顿博士要求轻敲者预测听众会猜对多少次。轻敲者预测说听众至少会猜对一半。这个任务看起来实在是太容易了。大家怎么可能猜不对类似于《生日快乐》的歌呢?这些可都是家喻户晓的歌曲。

猜对敲击出来的歌曲似乎轻而易举,但实际上敲出来的120首歌曲中听众只猜对了3首。

为什么120首歌中听众只猜对了3首?

希思博士将这种现象称为知识偏差。因为听众事先并不知道所要敲的歌曲，所以当轻敲者开始敲的时候，听众只听到了一些不连贯的敲桌子的声音。而另一边，轻敲者却清楚地知道自己所要敲出的歌曲，实际上他们一边敲桌子，一边在脑海里唱着那首歌。当他们在敲击的时候，他们是无法想象听众听到的是什么，实际上听众听到的只是间断的敲桌子的声音，而这些在轻敲者听来，却是一首歌。这就是我们所谓的知识偏差。

知识偏差每天都在课堂中上演。我们勤勤恳恳地敲出勾股定理、宪法的基本原理等乐章，但也许学生听到的可能只是黑板上发出的一些间断的敲击声。更为糟糕的是我们一旦知道学生听不懂我们的敲击声，就更加卖力地敲击。吃晚饭的时候敲，上学的时候敲，放学的时候也敲。我们只知道不停地敲，却不知道走到学生跟前，对着他们的耳朵哼唱这首歌。

当你理解到你和学生之间存在着知识偏差的时候，你就能更好地理解学生，更积极主动地支持和帮助他们。

教学也需未雨绸缪

如果我们真心想让学生获得成功，那么当某个学生不努力学习的时候，我们就不能心存侥幸、听之任之。我们应该在学生成绩不及格之前主动帮助他们。

作为一个老师最为被动的情形就是在学生成绩不及格之后才着急展开补救措施，在他们不及格之前我们为学生做的却很少。没错，我们只知道亡羊补牢，却不懂得未雨绸缪。如果在学生失败之前，我们就采取适当的措施帮他们把成绩赶上来，情况会怎样呢？如果在整个授课过程中，我们认真监督学生，在他们开始感到学习吃力的时候采取措施，情况又会怎样呢？

只要我们意识到能在第一时间防止学生成绩下滑或者不及格，那么我们就会有意识地让自己的教学策略适应学生的实际情况，努力探索能够提高学生学习效率的教学方式。

高效能教师都明白一个道理，学生一旦没有通过考试，再进行补习就会很困难，补习必须赶在学生落后之前才会有事半功倍的效果。

积极的教学不仅仅应该将教学风格与学生的学习风格相匹配，还应该在学生现有的水平上为他们提供挑战。

高效能教师倾向于把教学视为详细讲解学生必须掌握的知识，这需要大量的教学计划和教学技巧。高效能教师懂得积极地预估学生的学习进度，甚至在上某堂课之前就已经准备好了一个详细的课堂计划。在开始讲解某个单元的内容之前，他们就已经考虑到学生可能会遇到哪些问题，并时刻准备为学生提供帮助，尽可能让学生获得成功。在讲解知识的过程中，他们会非常重视学生较难理解的知识，并尽快帮学生解决这些困惑。

为了确定学生需要掌握的学习技能和知识，他们会对各个教学任务进行分析，然后将复杂的教学任务进行细分，将其变为较易执行和管理的小任务。一旦学生对学习内容比较熟练了，高效能教师就会逐步放开手，让学生自觉去实现自己的学习目标。对于那些已经掌握了学习目标的学生，高效能教师会为学生提供额外的帮助，扩充他们的知识，让学生不断地接受挑战，增加他们的成就感。

有效的补习计划

老师想要积极主动地帮助学生，最好的方法就是在他们成绩下降之前制订一个具体、详细的计划。在学生成绩滑坡之前，找他们谈话是最直接的解决方式，但是如果你不清楚为什么要谈话，不清楚你希望这次谈话有什么收获，那么这次谈话就没有任何意义。当一个学生平均成绩下降到76分时，这个学生就需要坐下来和老师谈谈他在学习上遇到的困难。然后，老师和学生一起制订一个补习计划，计划中要写明学生将如何在两个星期内提高他的成绩，老师与学生将共同对此负责，还要注明如果成绩没有得到提高，学生将要为此承担的后果。这个计划必须包含4个部分，才能保证整个计划更加顺利地实施。

1. 计划需要在学生的学习成绩开始下滑之前制订。计划以课程大纲为主。老师要将这一计划通知家长，也可以在课程网站上面进行公布。这样，学生和家长一开始就知道补习计划的作用，哪些学生将要接受补习，补习在什么时候进行，将会实施哪些补习措施，老师、家长和学生所要承担的责任是什么。

2. 当你觉得某个学生学习起来比较吃力或者当某个学生遇到问题来找你的时候，你就必须提高警惕，并且明确告知学生要注意哪些方面的学习了。比如，当学生的平均成绩低于76分的时候，就要采用补习计划了。这样才能有效防止学生成绩急剧下降。

3. 在教学生的时候，你可以根据学生的需要调整补习计划，从而更好地满足学生的需要，但是你必须适时地有一些基本的补习计划，学生才能在需要的时候马上得到帮助和支持。补习计划不应该是惩罚性的，它的真正目的是为了让学生尽早回到正常的学习进度上来。

4. 共同承担责任。教学中，尽管教师担任着特殊的角色，但是学生对制订补习计划工作也负有很大的责任。这些责任应该让学生自己承担起来。同时，要注意补习并不是自发的，你既不能等着学生来向你寻求帮助，也不能让他们选择是否接受帮助，必须强制学生加入到补习中来。

如果你能在学生的学习成绩一开始不稳定的时候,就利用充分的补习计划帮助他们,那么学生学习起来就会轻松很多,你也会因此受益匪浅。同时,它还向学生和家长表明,在学生奋斗的时候,你可以为他们提供及时而有效的帮助。越早实施补习计划,学生的成绩越会得到平稳提高。

预测学生会遇到的困难

老师在教学中一定要密切观察,在学生碰到学习上的困惑时得到相应的征兆,帮助学生及时掌握他们在理解上有困难的知识。

> 话虽如此,但是……我之前又没有上过这堂课,所以我不知道他们的困惑会是什么。

即使你之前没有上过这堂课,你仍旧可以预测出学生会感到困惑的地方在哪里。想想你第一次学习那些知识时,你当初感到困惑或者觉得困难的地方在哪里。和其他已经上过这堂课的老师聊聊,问问他们的学生感到困惑的内容是什么。想想你的课程中容易混淆的概念或者难点。学习这个新知识时,几乎每个人都会犯的一些错误是什么?最后,在上课前,让学生判断一下他们已经掌握的知识是什么,他们仍旧需要学习的内容是什么。你可以进行一次平常的小测验。利用这个小测试来预测学生会对课文或单元中哪部分内容存有疑惑。

一天，我旁听了梅洛迪老师的课。当我走进教室，她正在收集学生昨天晚上的家庭作业。她收齐了作业之后说："现在，我知道你们很多人昨晚可能忘记要标记这几个关键词了。此外，你们大多数人可能没有圈出这几个名词，而且你们没有发现这两个词是同义词。"学生们看着黑板，发牢骚。梅洛迪得意洋洋地笑了，还问道："我说的对不对呀？"

好吧，她是对的，但她又错得非常离谱。如果她知道学生在做家庭作业的时候会犯哪些错误，那她为什么不事先提醒他们，并且在做作业之前帮他们清除这些困惑呢？如果在学生做作业之前告诉他们哪些地方会犯错，那么这次的作业对学生来说会是多么宝贵啊？

多年的教学经验告诉我们，在考试的时候学生会做错的数学题会有哪些，学生在地图上会混淆的国家会有哪些，在写作文或者做实验的时候又会犯哪些错误。这些我们其实都知道，但是我们并没有采取措施事先帮助他们解决这些困难。相反，如果我们事先重点强调和详细讲解学生会感到困惑的知识，那情况会是怎样的呢？我们的教学效果又会比之前好多少呢？

我们要熟悉每一课的知识范围，每一个学习任务，然后才能预测哪些部分可能会给学生带来麻烦，然后一一消除这些隐患。当然，这并不是说我们需要事先非常精准地审查这门课，我们只是希望确保当学生学习的确很努力的时候，他们的努力是富有成效的，因此我们必须清除任何没有必要的困惑，这样学生的注意力和精力才能真正集中在有效的学习上，从而空出更多的时间来掌握一些比较有难度的知识，扩充他们的学习视野。

如何避免错误

- 考虑一下学生们可能会在哪些地方感到迷惑，他们会犯哪些错误？哪些学习材料对学生来说是有难度的？学生可能会受到哪些错误概念的阻碍？你如何才能事先解决学生的困惑？是否需要重写教学计划？是否需要在教新知识前教会学生某种学习技能？是否需要将学习任务分成更小的部分？你应该如何组织教学任务才能让学生学得更好？

● 为学生提供你所期望的学习模式。

● 当你在帮助学生学习新知识时，请指出在学习过程中他们易犯的错误和普遍存在的误区，并告诉学生应该如何避免它们。

找出学生感到困惑的原因

尽管你在上课之前已经预测到了学生会混淆的地方，但有时无论你如何费力讲解，学生们还是会感到困惑。因此，知道这些内容他们为什么不理解也是同样重要的。

举个例子来说吧，我正在保罗老师的课堂上帮忙，他正试图帮助学生理解如何利用平均数、中位数和众数来组织和理解原始数据。他让学生将原始数据输入一个电子表格，然后让他们利用电子表格中的各种功能来计算平均数、中数和众数。这些学生对这个学习任务感到很伤脑筋。

开始我们以为是学生不明白这些概念，但是仔细研究后才发现学生之所以对这个学习任务感到头痛，不是因为他们不理解平均数、中位数和众数，而是因为他们不知道怎样使用微软的电子表格。他们可以用手算出平均数、中位数和众数，但是他们却难以理解这个电脑程序。

当学生学习感到吃力的时候，原因可能不是我们所想象的那样，这就是为什么弄清楚学生的困惑会如此重要。一旦你确定了学生感到困惑的地方，你就能够弄清楚他们的困惑，并且能够通过问他们一些试探性的问题发现学生感到困惑的真正原因，从而让他们消除困惑，重新回到学习的正轨上来。

有时，我们的学生会感到困惑是因为他们带着错误的概念来学习，而这些错误的概念会妨碍他们正确地理解知识。这一类型的困惑并不容易被发现，因为有时学生就算不理解概念也可能会得出正确的答案。

几年前，我和一些朋友参加了一个星期六的游戏派对。期间，有人拿出了一本脑筋急转弯的集子，建议大家一起来玩一玩。我们每个人拿出一张纸，开始动手。你可以感觉得到每个人都在解题时屋子中的紧张气氛。一群爱吵闹的年轻人原本吵着嚷着相互比拼，相互戏弄对方，现在却变成了一群勤奋的学生，认真地在纸上做着标记。这间屋子在这足足十分钟的时间里彻底安静了下来。当时间到了的时候，我们迫不及待地凑到一起仔细检查答案。

我们的比分悬殊相当小。最终，到了最后一个问题："一个猎人离开了他的小木屋，往南走了两英里，然后拐了个弯往西走了两英里，打死了一头熊，然后往北走了两英里，回到他的小木屋。那么这头熊是什么颜色的呢？"

这头熊是什么颜色？这是在开玩笑吗？我们大部分人都猜测起来，要么是黑色，要么是棕色，但贾斯廷却说："不，这头熊是白色的！"

大卫，作为我们的游戏主持人，指着贾斯廷说："你答对了！熊是白色的。"

集体的叹息声在房间里爆发出来。我们都想知道，贾斯廷究竟是如何知道这头熊是白色的?

贾斯廷腼腆地开始说:"在我不确定正确答案时,我通常会选择第二个选项,这道题的第二个选项就是白色。"

"继续说。"我们敦促他继续说下去。

"比如,在我们经常填的职位申请表上,当问到种族时,白种往往是第二个选项。所以,我就觉得这头熊肯定是白色的。"

当然他的解释并不是这个脑筋急转弯的真正解释。真正的解释是基于这样一个事实,那就是在地球上你能够按照那种方式步行后又回到原点的地方只有北极。而北极仅有的熊就是北极熊,北极熊当然是白色的。但是,贾斯廷并没有用到这样的推理却也得到了正确的答案,事实上他并没有真正明白这个问题。

那有什么不好呢?虽然他没有利用所谓的"正确"推理,但是他得出了正确答案。而且,正确答案才是最重要的,不是吗?

并不一定。你瞧,贾斯廷得出的正确答案让他显得好像明白了那个问题,但是他的推理却是错误的。要是答案的第二个选项是黑色而不是白色,那么会怎样呢?正确的答案保持不变,但是贾斯廷的推理就会让他得出完全不同的结论。尽管在这次游戏中他得到了正确的答案,但是碰到类似的问题或者在类似的情形下,就不能保证他还能继续得出正确答案了。

学生通过猜测有时可以得出正确的答案,或者说他们利用错误的方法也许也能得出正确的答案。这可能在某次考试中会对他们有所帮助,但换一种情况,他们就不会那么幸运了。然而,如果他们真正理解这个问题,那么无论情况如何变化,他们都仍然能够得出正确的答案。

因此,发现学生的困惑,有助于你弄清楚他们是否真的掌握了知识。

> 话虽如此,但是……我弄懂了学生的困惑,我如何迅速找到解决他们困惑的方法呢?
>
> 为了让学生明白你正在讲解的知识,你必须尽快解决学生的困惑,下面是两个较为有效的建议。
>
> 第一,你必须准备一系列解释的方法,这样你才更有可能在其中找到某一个方法有效地帮助学生消除困惑。
>
> 第二,也是最为重要的一点,你需要对你的科目有一个透彻的了解。即使你没有时间准备一套详细的解释方法,如果你了解你的科目,你也能够找到其他可替代的解释方法(比如举例、证明以及其他方法)帮助学生明白你正在讲解的知识。因此,当你在解决学生困惑的过程中感觉到困难时,请确保你自己对所教的科目有透彻的了解。

有效找出学生错误的6个方法

- 当学生不能成功地完成某个学习任务的时候,问问以下几个问题,也许能够帮助你找出他们不能成功完成的确切原因。
  - 学生所犯的关键性错误是什么?
  - 学生犯错的可能原因是什么?
  - 我该如何帮助学生在今后不再犯同样的错误?
- 在计划某个学习任务的时候,为了能让学生成功地完成这个任务,想一想这个任务中学生必须知道的知识和技能有哪些(比如利用显微镜、知道如何使用词汇、基本的打字技能、知道如何阅读某种特定类型的图表等）。在给学生布置任务之前，查看一下他们是否具有这些学习技能，给那些不具备这些技能的学生先上一堂辅导课，让他们能够赶上进度。

● 为了及时发现学生的错误概念，你可以让他们描述关于某个概念的想法。譬如你可以问他们这样的问题"你是怎样得出答案的？""你利用了哪些步骤来解决这个问题？""你为什么要选择这个方法？""这个单词在你看来是什么意思？"在你听他们回答的时候，一定要仔细寻找学生做出假设和进行推理的线索，以便及时发现学生可能会产生的错误概念，然后以学生的错误概念为出发点，通过重新解释相关的知识帮助学生明确地清除这些错误概念。

● 利用杰伊・麦克泰博士所谓的"停顿3分钟。"每隔10到15分钟停顿一次，要求学生总结他们到目前所学习到的内容。听听他们的总结，确定学生仍然困惑的地方。在继续讲解接下来的内容之前，先消除学生的困惑。

● 不要只问学生答案。让学生大胆说出他们的想法，演示他们的作品，或者演示他们得出结论的方法。在班级讨论时，你可以问如下的问题"你是如何得出那个答案的？"或者"你是利用哪些步骤解决那个问题的？"

● 列出你所教科目中常见的学习误区，并要求学生判断他们的对错，这样可以有效地检查出学生的学习误区。

如何让学习变得清晰明了

我们不仅对自己所教的学科负有责任，同时也有责任教学生一些学习策略，使他们在我们所教的学科中取得更好的成绩。

很多时候，我们没有意识到，我们认为理所当然的事情有可能在我们的学生看来却是一个谜。

我们劝告学生去学习，却没有教他们如何学习。我们要求他们阅读一段文章，却没有教他们如何判别重要的信息。我们让他们参加考试，却从来没有告诉他们考试的真正意义。我们让他们写一份实验报告，却没有告诉他们为什么要写实验报告，或者怎样利用实验报告来提升他们对实验的理解。

尽管我们的学生变得非常精通于完成学术方面的任务，但是他们是否真的明白为什么要做他们正在做的事情，或者说他们是否知道如何利用他们正在做的事情来增加他们的知识呢？

我们如何来让学习过程变得清晰明了？如何通过一种清楚的方式解释每一个步骤，使学生对我们所表达的意思没有任何的困惑呢？

首先，我们应该向学生清楚地说明每一个学习任务、每一个教学活动的作用。这个新的教学活动将会如何帮助他们达到课程的教学目标。

同样重要的是，要向学生说明每一个新的教学活动或者教学任务是如何与他们过去所做的事情相关的，这样他们就能够在他们正在学习的内容和他们已经学习过的内容之间建立联系。

此外，还要向他们说明他们正在学习的这些技能可以如何应用到其他场合。

最后，用书面形式为他们提供所有必需的步骤，这样，学生就能够确切地知道你想要他们用怎样的方式来完成学习任务了，你也可以轻易地实时掌握学生的学习进度。

话虽如此，但是……这不就等于是降低难度了吗？

很多老师都对"降低难度"表示担忧，这是因为他们认为学生必须在一开始接触到某个新思想或者新概念时就应该有专家般的表现。这是一个不切实际的幻想。

当学生第一次接触到某个新概念时，帮助学生理解它的最好方法就是使其尽可能具体。尽管当学生对新概念理解越来越深入时，才可能将其抽象化，但是，在一个人能够处理抽象概念之前，他们必须首先体验尽可能具体的概念。具体是抽象的基石，具体的概念更有助于学生理解。

当你在向学生介绍新概念的时候，你可以通过将它们分解成具体步骤来使得它们不那么神秘莫测，这样可以让学生更好地进行理解，而且可以帮助他们将这些概念整合到他们的头脑中去。一旦这些概念经过了整合，学生就能够开始以更高的水准对它们进行思考。

具体化并不会降低你传授给学生的知识的层次。相反，它会为学生以后建立起更多的抽象概念提供牢固的基础。

和学生分享学习的6个小窍门

● 和学生分析你用过的学习策略。你解决问题、学习新概念时采用的学习步骤有哪些？你通常会用哪些学习策略？你利用哪些类型的工具来帮助自己进行学习？

● 教学生如何利用多种学习方法进行学习。向学生解释各种方法会产生什么样的学习效果。然后,和学生讨论他们为什么应该选择某一种学习策略。最后,让学生选择一种对他们最有效的学习策略。

- 告诉学生如何有效地做笔记。
  - 每次做阅读作业或者上课的时候给他们设定一个目标。
  - 告诉他们运用提纲式、主旨式、总结式等有效的笔记形式。
  - 告诉他们如何利用笔记进行学习。
- 将学习任务分解成易于执行和管理的一个个小部分,并按逻辑顺序排好。利用流程图、目录册、决策启发式教育法帮助学生明白这些部分如何共同起作用。
- 明白仅仅为学生的学习方法或者学习态度做示范是远远不够的。你需要事先向学生说明他们在学习新知识和技能时将会看到什么,他们应该注意哪些内容。此外,当学生在自己尝试这个方法或者行为的时候,你还需要给予他们适当的提示和帮助。
- 为了使某个概念更为具体生动,最好的办法是让学生创造出这个概念的某种直观的表现形式。你可以让学生制作出这个概念的实物模型或者形象化的表现形式,或者让他们表演出这个概念。譬如,有一年,我要求学生画一张能够代表某个逻辑谬误的图画。在画好他们的画并且和同学分享之后,他们就能够识别这些谬误了。使概念更为具体的另外一个办法是老师或者学生在抽象的概念和一些更为具体的事物之间找到相似之处。比如,你可以制造一个"收集盒子",里面随意装满了各种东西,像一块香皂,一卷线,一个玩具火车等。当你尝试着帮助学生从具体的概念上升到抽象的概念时,你可以让学生从盒子里随意抽出一个物品。然后要求学生在这些物品和他们正在努力理解的概念之间想出相似之处来。

帮助学生要适度

作为老师最为艰难的工作就是处理学生的挫折。这就好比是玩一个叫作层层叠的游戏。如果抽出错误的一块积木，那么整个木塔都会随之坍塌。处理学生挫折的最好办法就是逐渐撤去帮助。这就意味着你提出这个帮助的时候，你必须告诉学生这个帮助只是暂时性的，在某个时刻，他们必须在没有帮助的情况下独立工作。那样，你就让学生明白了不要太依赖你的帮助。当你撤去帮助的时候，学生就不会惊慌失措，因为他们已经做好了充分的心理准备，也已经形成了内在的能力，能够在没有帮助的情况下完成学习任务了。

向学生指出他们能够独立完成的事情，并在挫折中训练学生。这是大多数老师都会忽略的措施。我们可能会为学生提供帮助，但是却没有在我们的教学计划中加入这样一个策略，那就是当学生变得熟练时，逐步撤去帮助。撤去帮助是帮助学生获得终极成功最为关键性的一步。不然，我们会让学生对我们的帮助产生依赖，逐渐失去他们自主学习的能力。

在最初讲解新知识时，我们应该积极地给予学生帮助和支持，但是随着他们对新知识越来越熟练，我们对他们的要求也必须随之提高，让他们变得更加独立，直到完全依靠自己。

不断给学生提供他们需要应对的挑战，这个挑战需要刚刚超出学生目前的能力，但又必须是他们经过努力后能够顺利完成的，这就是逐步撤除帮助的关键所在。当然，你可以有计划地决定你在什么时候开始撤去对他们的帮助。

不要一次性撤除对学生的所有帮助，而是要逐渐地让学生减少对你的依赖。譬如，如果在一开始进行小考试的时候你准许学生看笔记,那么你可以在下一次考试的时候宣布他们将不允许再看笔记,但是你会在考试之前给他们五分钟时间让他们凭记忆在纸上记下自己能记住的笔记,他们可以在考试的时候使用这张写了笔记的纸。几次考试之后,你就可以让学生在没有任何笔记和临时笔记纸条的情况下顺利进行考试。

当你第一次撤除帮助时,有的学生可能会有反抗情绪,或者看起来学得很吃力,千万不要马上给他们帮助。一定要记住:让学生学着适应小小的难度,可以帮助学生学会有效应对各种挑战。

让学生学会独立

- 为了帮助学生最终能够独立完成各种学习任务,请把握好为学生提供帮助的尺度,该放手时则放手。
- 一旦学生对新知识变得熟练起来,就要让他们做一些更有挑战性的练习,这不仅能让他们超越自己的学习目标,而且可以激发他们的好强心。
- 知识的练习形式要多样化,这样学生才能将他们所学到的知识运用到陌生的新情境中去。

优秀的学生也需要帮助

尽管本章的大部分内容是关于如何帮助那些学习起来吃力的学生,但是那些学习起来很顺利的学生同样也需要帮助,我们需要帮助他们保持对学习的兴趣,给他们适当地提供挑战性的学习任务,这样才能让他们的知识更丰富、更有深度。

尽管你的经验提示某个学生对学习内容已经非常熟练了,但是你仍然需要判定在这种情况下应该采取什么样的策略来帮助学生，这并不意味着必须给这个学生布置更多的功课，你可以加大学习的难度。譬如，某个学生已经掌握了虚拟场景的写作能力，那么你就可以让她完成更为复杂的学习任务，要求她练习虚实对照的写作手法。

复杂性指的是那些相互影响、相互重叠的概念。那些概念往往是最为复杂，也是最令人迷惑不解的。虽然我们可以帮助学生简化这些概念，但是如果让学生自己来理解这些概念可能对他们更有益。如果学生已经掌握了教学内容的学习目标，那么你可以不要急着简化本单元中一些更为复杂的概念，也不要在他们独立应对这些复杂概念的时候给他们提供帮助，要有意识地锻炼学生独立解决问题的能力。

我们必须向那些学习吃力的学生提供帮助，同样我们也必须向那些学习优秀、需要更多挑战的学生提供帮助。向他们展示如何理解复杂或者模糊的概念，如何更有效地做好笔记，等等。这样，他们才能够更好地掌握学习方法，才能够详细阐述他们正在学习的知识，才能够整理论据来支撑他们自己的猜想或理论。在学生取得进步的时候，我们依然要记得逐步撤除这些帮助，让他们学着独立自主地进行学习，激发自己的学习潜能。

让学生来纠错

当我开始从事教学的时候，我的教学过程就像下面这样：

1. 教学习技能。
2. 给学生布置作业或者给他们进行考试，检测他们掌握学习技能的情况。
3. 学生完成作业或者考试。

4. 给学生的作业或者试卷评分。

5. 分发作业本或者试卷。

6. 继续。

这是当我还是一名学生的时候经历过的学习过程，这也是我在准备成为一名老师的时候在教师培训中所接受到的教学过程。表面上，这似乎有效。但是，当我的经验越来越丰富时，我开始害怕给那些作业和试卷评分。我已经知道了学生将要犯的错误，我要做的不是发现他们的错误，而是让他们不要犯错。

每一年，我特别害怕看第一个学期学生的作文。我知道他们的文章会非常糟糕。每一年，当我给这些作文评分的时候，我都要咬紧牙关，哀叹我要做多少工作才能使我的学生有个好成绩。

终于，我决定不按往年那样做。我布置了一篇和以前一样的文章，但是这一次我先写好了文章，在文章中我犯了我知道学生会犯的所有错误。在离作业上交时间还差一个星期左右的时候，我把我写的那篇文章复印了，并发给了学生，我告诉他们我已经按照他们以前的写作思路写好了这篇作文。

当我在课堂上大声朗读那篇文章的时候，我察觉出学生有一些迷惑不解。读完那篇文章之后，我问他们："你们觉得如何呢？"他们很有礼貌地说他们觉得它写得非常好。有的学生甚至非常赞赏那篇文章，说要是他们能够写出那样的文章该多好啊。

"让我们再看一遍。"我诱导道，然后我们开始看第一段，"这是一个引人入胜的开头句吗？"

"不见得。"一个学生勇敢地提出来。

"那么你要怎么修改它呢？"我问道。我拿出笔记本电脑，把稿子投影到屏幕上。我开启了文字处理程序中的文档修订功能，这样学生就能够看到我们删掉和更改了哪些内容。当在稿子上修改的时候，我插入了一些评论，用来说明为什么要这样修改。

整堂课我们都在修改那篇稿子，修改完成之后，我把初稿和那篇满是删除和评语的校正稿，以及修改后的终稿张贴在班级的网站上。然后，我们一起用红笔给那篇终稿评分。我把评了分之后的稿子也张贴在网站上。现在学生不仅能看到张贴在网站上的终稿，而且也可以通过例子来学习如何写出像终稿那么优秀的作文。

第二个星期，我在收学生的作文时，他们非常兴奋地告诉我，他们的初稿多么像我的初稿，还好他们将那份凌乱的校正稿与自己的稿子进行了对比，于是改正了许多错误。

正因为我预测到了学生感到迷惑不解的地方，并且向他们展示了如何修改作文的过程，我的学生才能成功地写出优秀的作文。在给他们的作文评分时，我也非常兴奋。他们的作文远远超越了以前的作文。

Tips
教学小贴士

1. 在刚讲解新知识时要积极地帮助学生，预测他们会感到困惑的地方，并找到学生产生困惑的真正原因，为他们提供有效的帮助。

2. 在教学过程中，如果学生确实已经感到困惑不解，请通过针对性的提问和错误分析帮他们解除困惑。

3. 学生对新知识变得更加熟练时，请逐步撤去对他们的帮助。

4. 对于那些已经掌握了学习目标的学生，我们需要帮助他们保持对学习的兴趣，给他们适当地提供挑战性的学习任务，这样才能让他们的知识更丰富、更有深度。

第5章

使用有效的反馈

> 我们所使用的评估,总体而言,适用于老师所从事的一切教学活动——以及学生的自我评估——这些评估所提供的信息被当作是一种反馈,用来对教学和学习进行修正。
>
> ——保罗·布雷克、迪伦·威廉

如何更好地提高教学效果

当我第一次开始教学的时候,我并不能理解教学中进行评估的真正目的。尽管我知道我必须对学生进行评估,但是我并不知道怎样利用分级和测验结果来指导我下一步的教学行动。

一般而言,我布置的家庭作业和课堂练习,都能经常帮助我对每一位学生进行个性化的评估。当一个单元的教学任务完成了五分之四的时候,我就会四处寻找合适的考试题。如果找到一份比较适合的考试题,我会将并不完全符合我的教学实践的部分进行修改,然后再对学生进行考试。如果没有找到,那么我会自己设计一份。很多时候,当我在准备学生的考试的过程中,我会发现我还没有教给学生那些我原本打算教给他们的东西,或者没有教给他们那些考试题中所包含的知识。如果存在这样的问题的话,我一般会向学生道歉,并在心里默默牢记下次一定要记得讲解这些知识。

我的测验非常随意。如果我教了新东西,我会在第二天进行考试,以便确定学生是否已经掌握了它。通常,我会在课前整理好合适的考试题。有时,我也会用测验来惩罚有不良行为的学生。"如果你继续这样,"我威胁道,"我将给你一个小测验。"有时,我用测验来管理课堂,比如在开始上课的时候,用一个考试让我的学生安静下来。有一段时间,在每节课上我都安排5分钟的时间来进行考试,以确定他们在前一天晚上是否用心做了家庭作业。

关于考试,我也犯过一个很大的错误。我将试卷收上来后,总是尽我最快的速度批改试卷,并记录分数,也不做任何批注,然后就将试卷返回给学生。学生拿到试卷后自然是很快瞥一眼,就将试卷夹到笔记本中,或者直接将试卷扔到垃圾桶里,再继续他们的生活。后来,我终于知道为什么会出现这样的情况,主要还是因为我没有给学生提供有效的反馈,成绩在学生看来仅仅是一个分数而已,他们从中看不到有价值的反馈。

考试的真正意义

虽然作业、评价、分数通常被用来评价学生的学习,但是它们在根本上并不能很好地促进教学本身。我们中有很多老师仍不清楚我们为什么要评分,分数意味着什么,怎样才能借助作业来帮助学生进行学习,因此这种没有明确意义的评估方法实际上是在干扰学生的学习。当我们用分数控制学生(如果我不评分,他们不会去做),或者奖励学生(他这么努力,我应该给他很高的分数才对得起他的努力),或者惩罚学生(她延迟了一天交作业,所以她应该得零分)的时候,我们已经偏离了教学的初衷。

我们都知道,我们必须以某种方式评估学生的学习,这是教学的首要事项之一,我们习惯布置大量的作业,以评估学生的学习效果,或者准备包含众多知识的试卷,考查学生对知识的掌握程度,但是真正有效的评价并不能完全依据作业的多寡和学生分数的高低。如果我们只是盲目地进行考试，而从不利用学生考试所透露出来的有效反馈，来改善我们的教学策略，那么我们绝对是在浪费学生的时间，加深学生"学习只是为了考试"的错误认识，我们无形之中就失去了帮助学生查漏补缺的良好机会。

给予学生有效的反馈

对学生的学习进行有效的反馈，能促进学生更好地实现学习目标。但是，反馈目的并不是简单地衡量学生的进步，当我们恰当地运用反馈时，会帮助学生更好地掌控学习过程。罗伯特博士也曾认为有效反馈是提高学生成绩的最有力的方式。

对学生的进步提供反馈，通常是以打分和评价的形式来进行的，这在一定程度上会对学生产生强有力的影响，德威克博士通过两种不同类型的学生的表现生动地阐述了反馈的力量。第一种学生以绩效为导向，他们认为智力是与生俱来的能力，没有办法改变他们。第二种类型的学生以学习为导向，认为智力是不断增长的，可以通过努力来改变。以绩效为导向的学生逃避新的挑战，他们更有可能失败，因为他们认为失败是对他们智力的侮辱，并且对他们的自尊也是一个致命的威胁。对于这类学生，我们应该尽可能多地提供积极的反馈。

在大多数情况下，我们的反馈只是给出一个结果，我们判定对或错，我们将表现分成优秀或失败，我们给出最终的分数。我们很少为学生展示对学习过程的反馈，比如他们是怎么走向错误的，他们如何改善现状，等等。

尽管我们对学生的作文写了大量的评语，但是这些评语对学生而言帮助甚少。我们只是在纠正学生的语法错误、句式错误、表达混乱等，却没有告诉学生下次如何改进。真正有效的反馈是告诉学生目标在哪里，需要怎么做才能达到目标，它可以帮助学生明白我们布置的作业和任务是为了让他们更好地学习和成长，而不是伤害他们的自尊。

评估学生的学习表现

有经验的教师会利用学生的每一次作业、评价和分数来为学生提供有效的反馈。他们通过各种各样的评估尽可能多地收集各种反馈，并建立预警机制，这有利于帮助他们客观地解释来自作业和评价的反馈。他们分析这些反馈，以评估学生在实现学习目标的过程中处于什么位置，然后及时调整教学策略以更好地满足学生的需求。

绝大多数人一想到评估，第一反应就是考试。目前学校教育的重心仍然倾向于帮助学生通过考试，处于这样的教育体制下，谁又能责备老师对学生进行考试呢？

当你正确使用评估时，它的效果要远远超越考试所带来的效果。当然，考试也是评估不可或缺的一部分，但是仅仅是其中的一个部分而已，评估还包含很多的其他方式。比如，你可以使用班级讨论或者研讨会中的口头评估来衡量学生的进步。

目前，很多老师都对作业和考试这两种评估方式过度依赖。许多老师之所以宣扬用考试进行评估，是因为考试很容易量化。但是，通常这些考试都是人为的、片面的，如果你想要评估学生是否真的达到了学习目标，你就必须利用一系列的评估方法。

> 话虽如此,但是……考试是一种形式。

没错,你的工作是使学生掌握考试考查的内容,但你可以在帮助学生好好准备考试的同时为他们提供各种各样有针对性的评估机会,这两者并不排斥。比如,考试有一种固定的形式,因此帮助学生熟悉考试的形式无疑是我的责任,这我做到了,但是我更重要的责任是确保我的学生能掌握考试要考的知识和技巧。如果我只是让学生熟悉考试的形式,那我就将学生变成了考试的机器,从而失去了让学生掌握在生活当中需要用到的真正的知识和技能。

无论是考试评估还是表现性评估(表现性评估是在20世纪90年代美国兴起的一种评估方式。它是在学生学习完一定的知识后,通过让学生完成某一实际任务来评价学生的学习状况,包括表现性任务和对表现的评价。它的评价方式有别于传统的纸笔测验评价,是对学生能力行为进行直接的评价),其实都是有效的评估方式,只有在我们无效地使用这些方法时,它们才可能成为糟糕的评估方法。事实上,不同的学习阶段需要用不同的评估方法来对学生的学习进行评估,在开始学习一个单元的时候,学生正在学习基础的知识和技能,这时候通常使用考试评估的方式会比较好,因为你想考查学生是否掌握了这个阶段的知识和技能。随着他们对课程的理解进一步加深,你就需要使用更大范围的评估方法来检查他们对课程的理解和掌握程度。这时候考试仍然可以达到目的,但是表现性评估的适用范围更广一些,后者要求学生通过综合运用已学知识和技巧来完成某一实际任务，或者解决更为复杂的问题。此外，表现性评估还将鼓励学生主动去获取知识。

我们常常忽略每天发生在教室中的非正式性评估的机会，比如，学生和学生之间的相互交流、老师和学生之间的相互交流、所有人一起讨论等。事实上，一切检查学生是否掌握了课程内容的方式（如口头询问、实践练习、实验记录、学习单、家庭作业等）都可以看作是一种形成性评估（形成性评估是在教师教育教学过程之中，为使教师的专业水平继续提高、不断获取反馈信息，以提高学生的学习成果和改进教师教学而进行的系统性评价）。在课堂上实时评估学生是否掌握了知识，能够让你跟进学生的学习进度，及时调整教学策略。

形成性评估是提高学生成绩最有效的方法之一，因为它能够为你和学生提供即时反馈，能让学生看到他们的付出和收获有着直接的关系。这种评估方法在学生的学习过程中能及时提供反馈，以提高学生的学习积极性，比最终考核评估的时效性要好一些。

作为老师，千万不要过度使用任何一种评估方法。如果你希望更好地对学生的学习成果进行反馈，你应该将评估重心从学生在做什么转移到他们怎么做上来。

使用多种评估方法，能帮助你从各个角度来了解自己的学生。一个学生在一种评估中表现得不好，并不意味着学生的学习就一定出现了问题。这有可能是学生对你在评估中的提问方式不适应，或者是他们并不能将你的评估内容与学习到的知识很好地关联起来。通过使用多种评估方法，你可以更全面、更准确地得到关于学生学习的反馈信息，然后利用这些反馈信息改善你的教学方式。

如何收集反馈信息

- 回顾你目前是怎么在教室收集反馈信息的。看看自己是不是过于依赖某一种固定的方式而忽略了其他方式。试着平衡使用考试、表现性评估和形成性评估，这样你才能得到准确的反馈信息。
- 寻找其他的方式让学生展示他们对知识的掌握程度，比如技能展示、创意作业等。
- 给每一个学生一只笔和一张白纸。在课堂上的不同时间，问学生一个问题，并让他们把答案写在白纸上交上来。然后，迅速浏览学生的答案，检查学生是否理解了你讲述的知识，以便在讲述下一个知识前快速地纠正学生产生的错误理解。

巧用反馈信息改善教学方法

你通过各种评估方式得到的信息将为你提供课程效果以及教学方法的有效反馈。如果你只是单纯地收集反馈信息，而不利用这些信息来改善你的教学方法，那反馈对你而言就没有任何意义。

形成性和总结性的评估都会为你提供学生对知识掌握程度的反馈信息。如果你对学生进行了一次考试，结果没有学生能通过，那么，不是你的试题设计不合理，就是你的教学方式不恰当。

同时，评估也为你的教学进度提供了参考依据。如果形成性评估结果显示学生已经掌握了教学内容，那你就可以接着讲解下一个单元的知识了。相反，如果评估结果显示学生还没有理解你所教的知识，那你就需要放慢节奏，再讲解一次，或者换一种方式进行讲解。

> 话虽如此，但是……考试结果很糟糕。

> 这个消息的确令人沮丧，但是考试结果只是学生是否掌握课程内容的一种方式。如果考试成绩比较低，可能意味着学生没有理解课程内容。通过这个考试，你至少知道他们没有及时掌握课程内容，如果此时你再进一步运用正确的评估方法，你将有机会弄明白他们为什么没有理解上课内容的真正原因。通过这些努力，学生以后的考试结果肯定会越来越好。

反馈信息也能帮助你在课堂上利用不同的教学方式来迎合学生不同的学习需要，它能帮助你确定每一位学生的理解能力、学习能力、接受能力等，以此来调整你的教学方式，比如，对那些已经掌握学习内容的学生，你可以适当加快速度，对于那些不能理解复杂知识的学生，你可以为他们提供简化的步骤。

另一种使用反馈信息来调整教学的方法是创建预警机制，当有学生学习很吃力，需要更多帮助时，你能及时得到警报信号。如果我们一直等到总结性评估的时候才发现学生没有理解上课内容，这时候想干预就太晚了。但是，如果在你的学期计划中建立形成性评估，并合理使用这种评估方式的话，你就能实时了解学生的学习进度，并及时调整教学方法。

我的好友海伦娜曾经也为学生成绩沮丧过，她一直很努力地工作，但是学生的阅读成绩却总不见起色。

"我将所有的时间和精力都投入到教学中了，在考试之前，我非常自信，认为他们会考得很好。但是，考试结果居然比他们平时的水平还要糟糕。我不知道我还能做什么。"她靠在座位上，揉着太阳穴说。

"你为什么认为他们在考试中会考得很好呢？"我问。

"因为他们在课堂上表现很好。"她叹息道，"他们很快就能进入学习状态，而且能完成我布置的所有作业。"

"这很好，海伦娜，但是这些和阅读有什么关系吗？"我问道。

"他们一直在阅读啊。"海伦娜激动地说，"他们很认真地完成了关于阅读的作业。"

"那你怎么知道这些作业会提高他们的阅读水平呢？"

"因为……"海伦娜开始回答，"我确实什么都不知道。这些作业也许真的没有作用，因为他们的成绩没有丝毫起色。"

"也许吧。"我耸了耸肩，"也许不是。关键是你没有做任何检查，你无从知道。"

的确，海伦娜忽视了检查自己的教学是否有效。最后，海伦娜决定对她的班级进行形成性评估。她决定每个礼拜对学生进行一次评估，评估他们是否朝着阅读目标前进，是否写了阅读日记，是否在阅读中产生了自己的感悟。

海伦娜通过让学生写阅读日记的方式，监控学生的阅读理解水平，同时促使学生和她分享学习需求的反馈信息。她还计划每两周亲自和每一个学生讨论他们的阅读目标、学习进展和阅读计划。通过收集学生学习的反馈信息，她有效地改善了自己的教学方法。

需要注意的是，为了反馈的有效性，你需要尽快地给予反馈。如果你很长时间之后再给学生反馈信息，那学生在这次反馈信息中的收获会很少，这也限制了你在教学上做出相应地调整或干预。

要求学生记录自己的成绩

作为老师，除了为学生提供有效的反馈信息，我们也应该创造机会鼓励学生自发记录自己的学习成绩。

事实上，我的学生常常跑到办公室，询问他们的成绩。每天，至少有一个学生想知道他的成绩是多少。终于，有一天我忍不住问："为什么你们不自己记录自己的成绩呢？"这个事实启发了我，从此我决定要求学生记录他们自己的成绩。我规定，在每个星期五的课堂上，我将试卷发到每个学生手中，让每个学生记录自己的分数，同时要求每个学生把试卷上的错误改正过来。我把这个规定告诉了学生家长，这样家长在每个星期五晚上也可以看到孩子的成绩。

最开始，我只是想减少学生和家长问成绩的次数，不久后，我惊讶地发现，让学生简单地记录自己的成绩，居然强烈地激发了学生的成就感。他们开始为学习设立目标，询问作业中不懂的问题，并且更认真地完成作业了。他们开始关注自己的成绩，懂得查漏补缺，并且不断地调整他们的学习状态和努力程度。

教学生如何看待成绩

考试是为了检测学生对课程内容的掌握程度，因此重新定义成绩就显得尤为重要。假设我们以A、B、C、D四个等级来划分成绩。通常，学生和家长都会认为，A意味着高水平，B意味着中上水平，C意味着平均水平，D则意味着低水平。从这样的观点看来，成绩仅仅是对学生学习水平的一种笼统的评价，而不是反映学生对课程的掌握程度的评价。

如果你想给学生提供有效的反馈信息，那就必须帮助他们正确理解成绩的意义。出于这样的考虑，我们应该将成绩重新定义，A意味着学生已经掌握了课程内容并超出了掌握的水平，B意味着掌握或者大体掌握了课程内容，C意味着学生仍然需要努力才能掌握课程内容，但只要用心一定会有很大进步，D意味学生需要补充更多的基础练习。

由上可知，成绩重点反映的是学生对课程内容的掌握情况。当学生理解了成绩的真正意义，他们就能准确掌握哪些知识自己已经掌握，而哪些知识仍然需要巩固，从而激发学生的学习热情，努力提高学习成绩。如果学生把成绩视为一种积极的反馈，那么他们将更加愿意努力去提高自己的成绩。

我们对于学生的成绩划分政策和口头评价也非常重要。以下是老师关于成绩常用的评价：

1."如果你得到C以下的成绩，可以再考一次，我将把这两次成绩平均一下。"

2."你非常聪明，几乎没怎么努力就得到了A！"

3."这次你得了一个D，下次需要更努力才是。"

这些评论中所传达给学生的信息是这样的：

1. 学习效率很重要。如果要重复学习同样的知识，将会浪费时间和精力。

2. 不努力就有好成绩，意味着有学习天赋，需要付出很多努力才能获得好成绩就算不上聪明了。

3. 分数低是因为不够努力。

这三个案例中所隐含的看似充满鼓励性的评论，实际上会误导学生偏离学习的初衷，假使我们的评论紧扣学生是否掌握课程内容这一主题，鼓励学生通过努力提高成绩，将会怎么样呢？我们可以这样评价：

1. "如果你在这次考试中得了C以下的成绩，午餐时请来参加额外的补习，周三重新参加考试。我会记录成绩较好的那一次。"

2. "你甚至在没有认真学习的情况下就得了A，你一定是在课堂上认真听讲了，并且笔记做得很好。"

3. "你这次得了D，这表明你回答这些问题的方法不对。让我们坐下来，找出你为什么会得到这些错误答案的原因，然后改正这些错误。这样，在下次回答这些问题的时候你就能做得更好。"

再看看这些评论所传达给学生的信息是怎样的：

1. 你第一次没考好，并不意味着你永远考不好。花多长时间掌握知识点不重要，重要的是你是否真正掌握了它们。

2. 尽管你看着好像没有学习，但是你肯定在上课时认真听讲，并做好了笔记。

3. 你得了D，意味着你对课程内容掌握得不是很好。但是，通过努力，你一定会掌握这些知识点的，而且我会帮助你。

我们教学生如何看待考试成绩，决定着成绩能不能作为有效反馈来帮助他们提高学习表现。通过正确给予学生关于成绩的评价，你可以帮助学生利用成绩来准确衡量他们对课程内容的掌握情况，设立合理的目标，勇于寻求帮助，努力提高成绩。

如何让反馈充满创意

反馈信息不仅能反映学生对课程目标的掌握情况，也能准确地告诉学生如何更好地实现课程目标。

为了利用反馈信息来帮助学生拥有更好的表现,有几点应该记住。

第一,反馈信息应该集中在重要的知识上,而不是涉及所有的知识,如果你希望学生改正所有的错误,那么学生将会淹没在反馈信息中。

第二,反馈信息应该和学习目标直接相关,应该向学生明确指出现在的学习活动和学习目标的关系,以及为了实现目标下一步需要做什么。学生还应该知道他们什么地方已经做得很好,什么地方还需要提高。

第三,确保反馈信息针对的是即将开始的学习任务,这样学生才能知道下一步该做什么,但是不能过于详细,以免学生失去独立思考的能力。

第四,用学生能理解的语言来表述有效的反馈信息。例如,与其告诉学生"下次需要更加仔细",还不如告诉他们在什么地方出现了计算或者语法错误,在上交作业之前应该怎样进行检查。最后,请及时提供反馈,并给学生利用反馈信息的机会。

作为一名英语老师,我花很长时间给试卷评分,圈住拼写错误的单词,改正错误的语法,还在试卷边缘处写上"模糊不清"或"理解错误"等批注。在试卷的末尾,我还会写上评语,如"这篇文章不符合题目的要求,请重新审题,看清作业要求",我特意用红色墨水将其写在试卷上,因为我认为这些评语很有用。

当我把这些试卷发给学生后,他们却很急切地去看分数,对我的评语没有半点兴趣,可以想象我是多么失望。然而,更让我失望的是,学生在下一次考试中又会犯同样的错误。

尽管我认为评估是一种很好的教学方式,但是无论我怎么使用它们,我的学生都很少关注我的评语。这让我倍感沮丧。终于,在一个经验丰富的老教师的指导下,我明白了,原来问题出在我每张试卷上使用的评估准则都不一样，学生不能利用从一次考试中获得的反馈信息来帮助他们提高在下一次考试中的成绩。因此，我决定统一我的评估准则。

我将对学生的评估划分了八种具体的评估准则，并准备了一盒彩色笔，每一种评估准则都对应一种颜色，并向学生详细阐述了我的评估准则。当我批改试卷时，我不再只写一个单独的评语。

相反，我根据评估准则，在试卷的相关部分用相应的颜色在下面划线。例如，我用紫色来标记过渡段落。如果一个学生使用的过渡段不够理想，我会用紫色笔在试卷相应部分下画线，并且用紫色笔写上我的建议。

当我把试卷发给他们的时候，学生会既好奇又疑惑。试卷上面很多紫色的标记是什么意思？为什么我的试卷上面都是红色的？这蓝色的标记又是什么意思？

渐渐的，学生对成绩的关注变少了，他们更多地关注试卷上的这些反馈信息。如果学生的试卷紫色标记居多，那就意味着学生下一次考试时需要有效地使用好过渡段。红色居多，那就意味着学生需要更仔细地检查一些常识性错误。蓝色居多，那就意味着学生需要在文章中注意代词的使用。

我给学生发了一份成绩记录单。这份记录单是一个简单的图表，分成八个部分，分别对应评估准则里相关的八个方面。我要求学生在成绩记录单上把他们的分数用图形表示出来。我们每次作业都这样做，这样学生能够从评估准则的八种衡量标准的任何一个方面发现他们对知识的掌握情况。

过去，我进行知识总结时，总是要求学生把以前所有的试卷都带上，快速浏览试卷后才能给学生提供有效的反馈信息。现在，我只需要简单地看看他们的成绩记录单,就可以快速地判断出学生什么地方需要加强。

积极和学生沟通

- 当学生在课堂上回答错误时,你要对他们答案中正确的部分提出表扬。然后,带领整个班级一起把错误的部分改正过来。
- 在开始新单元的教学之前,组织学生进行考试,通过考试结果,确定学生哪些基础需要加强,并要求学生自己设立一个学习目标。
- 在每次重要的考试后,花时间帮助学生分析他们的学习表现,同时为下一步的学习确立目标。
- 当你布置作业时,把评估指标告诉学生,当他们完成作业时,让学生自己对课程掌握程度做定期的评估。

鼓励学生犯错

学生在学习上有进步时,老师提出表扬是非常容易的事情,但是如果他们失败了呢?学生还需要老师做出反馈吗?此时老师又该如何做出反馈呢?实际上,当学生失败时,最需要的就是我们的反馈。

我们很擅长教导学生如何去获得成功,却经常不知道分析学生为什么会失败。重视导致失败的因素,是我们能教给学生的有效技能。如果学生知道怎样会更容易导致失败,那么他们在以后的学习过程中会尽量避免这些导致失败的因素,从而更容易获得成功。

我们总是很用心良苦。当学生失败时,我们不想给他们造成心理伤害,所以小心翼翼地顾及他们的感受,希望他们少受失败之苦。尽管我们减小了失败带给学生的影响,但是我们很少告诉他们该如何去避免失败，战胜失败，从失败中总结经验教训，以减少他们在以后的学习中遭遇失败的几率。

为遭遇失败的学生，我们能做的最好的事情就是提供给他们一份真实的反馈，告诉他们为什么会失败，以及如何在下一次做得更好。

因为害怕犯错，很多学生在课堂上害怕回答问题，这让我感到沮丧。学习本身就是一个探险的过程，但是太多的学生害怕冒险，唯恐朋友嘲笑自己"愚笨"。多年来，我一直鼓励学生勇敢地去冒险，但是很少成功。有一天，我忽然意识到，也许是我的原因导致了学生不乐意去冒险。

通常，在课堂讨论中，如果一个学生给出了错误答案，我要么告诉学生，他是错误的；要么会说"差不多接近答案了"，然后让另外一个知道正确答案的学生来回答问题。难怪学生会害怕参与讨论，除非他们非常确定自己已经知道"正确"答案。

我希望我的学生能够去尝试，不要害怕给出"错误"的答案。我希望他们能够学会如何从错误中学习，于是我决心改变自己的教学策略。

在下一次关于如何造句的课堂讨论中，当一个学生给出了明显有逻辑错误的句子时，我显得很高兴地说："这是一个非常有创意的答案！"然后马上把答案写在黑板上，学生都感到很困惑。我接着说："现在，让我们看看怎么把这个有创意的句子变得更加合理。"于是，在接下来的几分钟里，整个班级的学生都在为这件事情献言献策。在这个过程中，我解释了为什么这句话的逻辑顺序不对，该如何改正。最后，整个班级的学生在我的带领下，对如何写出一个句子有了更好的理解，同时也知道怎么改正他们自己的错误。这种方法很快就受到学生们的欢迎，我惊喜地发现更多的学生主动把自己的答案写在黑板上。事实上，有一部分学生甚至举手说："我有个很好的有创意的答案。"让我欣慰的是，学生不再害怕犯错和冒险，并且学会了寻求帮助，学会了从他们的错误中学习。

此外，我们应该告诉学生造成失败有很多原因，不仅仅是因为努力不够，有时候也许是因为方式不对。如果我们只告诉学生，他们之所以成功，是因为他们付出努力了，而没有告诉他们怎么进行有效的努力，那么学生很可能因为盲目的努力导致失败。

我们还应该帮助学生弄清楚自己失败的真正原因。有很多学生认为失败就是因为他们不够聪明。这种观点在一定程度上限制了他们的努力，因为他们感觉自己对成功还是失败没有任何办法。但是，如果我们能帮助他们认识到，成功还是失败和努力程度有着直接联系，那么他们就会明白自己能控制成功或者失败。

托德老师的高效课堂

托德的数学课堂是我见过的巧妙利用有效反馈的最好例子。学生走进教室，就可以在小黑板上的红色标题"昨晚最困扰我的问题是"下面写下自己不能解决的问题。当上课铃响起的时候，托德浏览了这些问题，然后找出重点问题进行详细讲解。当他讲完时，他会问："好了，关于家庭作业，大家还有不理解的问题吗？"有些学生会举手问一些需要解决的问题，托德都一一做出了回答。接着，托德给学生几分钟时间改正他们的家庭作业。然后，托德让学生记录下他们的成绩。

接下来，托德把上周的考试试卷发给学生，并大声说："通过考试，我知道绝大多数人已经理解了课程内容，但是还有一部分人并没有完全掌握。所以，我将再给你们一次机会学习这部分内容，而且周五中午我会就这部分内容再进行一次考试。在这次考试中准确率低于百分之八十的人必须参加周五的考试。在考试前大家需要做到以下几点：如果你错了的题少于5个，请把课本上242—243页的题重新做一次，要熟悉每一个解题步骤。如果你错了的题多于5个，你需要对你错了的题做一次错误分析，并弄明白你该怎么改正这些错误。课本上233—241页的内容能帮助你们分析这些问题和复习这部分的概念。我这里还有一份可以教你们如何解决这类方程的教案，你们可以拿去参考一下。如果你们需要更多的帮助，我在周三放学的时候会进行一次学习答疑。在答疑的前半段时间，我会把这部分内容再讲述一遍，后半段时间用来解决个人疑问。"

然后，托德开始了一天的课。在课上，托德可能会停下来问："到目前为止，大家对这部分知识都理解了吗？"如果学生拇指向上，则表示他们听懂了，如果有一部分不是很清楚，则拇指横着，如果完全不懂，则拇指向下。通过课堂上的回答，托德可以根据学生的反馈，对难理解的知识点进行重点讲解。课间，托德会布置一些课堂作业让学生去完成。学生答题时，托德会在下面走动，检查他们的做题情况，然后给出有针对性的建议。

在下课前五分钟，托德说："好的，让我们复习下今天所学的内容。"当他把重点概念回顾一遍后，他就给学生布置家庭作业。"在下课之前，我想确定你们是否已经掌握了今天学习的内容，所以，我将让你们思考一个问题。"托德边说边在屏幕上投放了一道选择题的幻灯片。学生把他们的名字和答案写在纸上交给了托德。当托德收集完答案时，他说："这道题的正确答案是C。如果你选了A，则意味着你没有对公式进行化简，今晚回去做家庭作业的时候要记得化简。

如果你选了B，则意味着你没有正确使用运算顺序，今晚做作业的时候记得复习下运算顺序的内容，并使用我教的图解法。如果你选了D，则意味着你出现了计算错误，今晚做家庭作业的时候，记得花时间检查你的作业。"

在上课期间，托德就不断地收集反馈信息，以帮助他评估学生对新学内容的理解程度。不仅如此，托德还和学生分享了这些反馈信息，告诉他们如何利用反馈信息更好地掌握课程内容。

Tips 教学小贴士

1. 作业、考试和评估可以给你提供有效的反馈信息，你可以将这些信息用于将来的教学中。通过收集各种反馈信息，你可以建立教学预警机制，确定学生对学习目标的掌握程度，还能知道如何改善你的教学方法以帮助学生达到学习目标。

2. 评估同样可以给学生有价值的反馈信息。老师应该指导学生搜集自己的反馈信息、理解成绩的真正意义，以及利用反馈信息来设立学习目标，只有这样学生才能更好地利用反馈信息改善自己的课堂表现，提高自己的学习效率，以获得更多的学习成果。

第6章

注重质量,而不是数量

> 取悦上帝的是我们工作的质量,而非数量。
>
> ——甘地

教学贵在少而精

当我刚开始教学时,我相信写作教学的最好方式就是让学生动笔去写。我的学生们一直在艰难地应付着写作,他们远远落后于写作课程所规定的标准,以致于我认为他们需要尽可能多地练习写作技巧。

于是,我安排了一个集中攻克写作难关的练习课程。我要求学生每周写一篇作文。下面就是我实施这个课程的具体步骤。我选取了8个有争议的话题——死刑、安乐死、平权法案等。我将学生分成两人一组。然后,分别让两个小组共同研究一个主题,一个小组负责为这个主题进行正面辩护,另一个小组则为其进行反面辩护。每个星期一,我都会在班上介绍其中的一个主题,剩下的时间就会让学生完成词汇练习。星期二,由一个小组为这个主题进行正面辩护。星期三,由另一个小组为其进行反面辩护。星期四,我会在班上组织一个关于这个主题的讨论,学生可以针对这个主题阐述自己的观点,并展开自由讨论。在这堂课结束的时候,我会要求学生以支持或者反对这个主题为中心思想,写一个作文大纲。星期五,学生可以在课堂上花45分钟的时间,按照大纲写一篇作文。

我一直认为这是一个绝妙好计。它能为学生提供各种学习的机会，比如深入研究主题、磨炼演讲技巧、展开课堂讨论以及给予学生大量练习写作的机会。因为学生每周都会接触到一个新的主题，这就避免了学生认为我教给他们的写作技巧和方法只限定在某个主题范围内。相反，他们会将这些写作技巧和方法从一个写作任务融会贯通到另一个写作任务。在这个计划还未执行之前，我一直为此感到无比自豪。

然而，在我收到了学生交来的第一份作文之后，我就被这个教学计划打败了。那个时候我有140名学生。我翻阅了堆积如山的作文，并观察了学生的反应。我在自己的教学笔记中写到，学生并没有学会用很多能支持论点的细节和事实来展开他们的讨论。我甚至在心中默默设想了关于下周工作的开展计划。"还不错。"我心想，"我应该很快就能够突破学生写作的障碍，开创新的局面。"在我为学生的作文评分快结束时，我发现在我计划评分的时间里，我只完成了10篇作文的评分任务。

午餐时间到了，我焦躁地看着桌上那些堆积如山的文件，以及一直在不断增多的文件，忧心忡忡。我想，在接下来的周末，我的任务繁重，我必须带着一个装了79份作文的袋子回家，并在周一之前将这些作文改出来。

星期六，我一直让这些作文堆在书房的桌上。星期天下午，我吃了一个三明治，然后开始工作。我强迫自己坐在那儿批改这些作文，甚至连电话响了我都没有去接，到了我最喜欢的电视节目的播出时间我也没有打开电视。在我累得眼睛都睁不开，再也无法坚持看下一份作文为止，我批改了32份作文。

于是，在星期一早上我走进教学楼的时候，我还有47份作文没有批完。在上课开始前,我一直呆在办公室批改作文,尽管我已经使出了浑身解数,我依然还有22份作文没有批改完。我只能推迟讲解作文的计划。在我还要将8份作文需要带回家批改时,学生的又一篇作文又交上来了。

情况变得越来越糟糕。尽管我已经用尽全部的力气,我依然无法批改完学生的这些作文。不管我批改作文的速度有多快,在课堂结束时,依然会有很多新交上来的作文在等着我。慢慢地,我开始厌恶这些作文,因为它们毁了我的周末。有时候,我尝试着努力去忽视它们,去外边享受一些小小的乐趣,但是当我回到家,它们还是在那儿,在门后的书包里躺着,静静地指责我。有时候,我不得不坚定地取消我的周末计划,呆在家里,认真工作。4小时后,我的目光变得迟钝,我无奈而又焦躁地看着那一堆还没完成的作文,然后想着我什么时候才能把它们都看完!

最让我感到挫败的是每周学生一直犯同样的错误,这一事实让我抓狂。尽管我的课程就是为了帮助他们更正这些错误而设置的,但是学生并没有任何进步。他们依然写不出主题句,依然不能用恰当的细节来论证自己的观点,他们的结论依然是套话堆砌的陈词滥调。当我盯着那些句子不通顺、表达不明确的段落时,我无奈地想:为什么他们就学不会呢?

事实上,学生从来就没有认真地完成过这些作文。我一开始还很乐观地认为也许我只需要给他们更多的练习,他们就会有很大的进步。但是,在我给予学生更多练习的时候,我的整个方向就是错误的。我只是一周给学生布置一篇作文,却从来没有给他们留出时间去纠正他们在作文中出现的错误。我专注于给学生布置更多的练习,而这些练习仅仅是数量的增加,却没有让学生进行独立地、有针对性地练习,其实这些才能够真正帮助学生掌握杰出的写作技能。实际上，那些我一直在努力帮助学生纠正的错误无形之中竟然一再被我放大了。

当我在下一年教写作课时，我决定不再专注于给学生提供大量的写作练习，而是专注于教他们学会写作技能。比如，我正在教学生写一篇文章简介，我会给学生一个写作提示，并且只要求他们写一篇文章简介。然后，我不断地对学生写好简介的方法和技能进行检测，认真地纠正出现的每一个错误，从而巩固学生的写作技能。如果学生只需要学会写一篇文章简介，那我为什么要要求学生写一整篇文章呢？

如果我正在专注于训练学生写一篇作文大纲，我会让学生写出文章的整体框架而不是一整篇文章。这样，学生就不会陷入写作的琐碎细节中不能自拔，相反，他们会专注于文章的整体框架和组织结构的写作练习。

不久之后，学生的写作能力有了迅速提高。他们的练习数量少了很多，但写作能力却直线上升。从此，我意识到学生写作能力的提高并不在于我给他们布置作业的多少，而在于质量的高低。

高效能教师轻松教学的诀窍

专注于有质量的学习将有助于我们的学生更深入地掌握知识和技能。我们都希望自己的学生变得更有竞争力，因此我们想尽一切方法在最短的时间内给他们灌输更多的知识，并尽可能全面地讲解这些知识。

但是，在我们尝试着教给学生更多信息的同时，我们是否思考过，这些信息中真正有价值的东西究竟有多少呢？在我们的教学过程中，我们是不是过于强调数量，而牺牲了质量呢？

罗伯特·马沙诺博士曾经指出，由于时间不够，大多数课程的标准都没能得到很好的讲解和展示。如果我们想要学生更好地学习，那么我们就不能指望自己把所有的知识和技能都一股脑儿塞给学生，因为我们没有那么多时间和精力，我们唯一能保证的就是利用好每一分钟，教给学生最重要的知识和技能，只有这样才能最大限度地锻炼学生的学习能力。

但是，强调质量的一个最大问题就是学生很难判断哪些知识和技能是单元学习中最重要的内容，因为没有清晰的学习目标的话，每一个单元学习的主旨看上去都是同等重要的。

高效能教师对时间的安排往往不同于其他的老师。他们花在教学计划上的时间往往比花在课堂上真正教学的时间多得多，花在提问以及引导学生思考上的时间往往比花在自己讲课的时间多得多。高效能教师教给学生的往往是卓越的学习能力，而不是企图灌输给学生所有的知识和技能。此外，他们将更多的精力放在教学过程中随时进行的教学评估上，而不仅仅是大型的统一考试或者期末考试上。高效能教师最大的杰出之处就是他们懂得预先投资自己的时间。

在课堂真正开始之前，预先把自己的时间投资在教学计划上，这在一定程度上能帮助高效能教师比其他教师更迅速地理清教学目标，更有效地安排学生的课堂学习。原因是什么呢？他们将更多的时间花在设计高质量的学习任务和测验上，从来不会为学生和自己布置堆积如山的学习内容。高效能教师深深地明白：学习内容的多少并不重要，重要的是学习内容的质量。因此，他们不会将时间浪费在那些不能很有效地促进学生走向卓越的学习任务和活动上。高效能教师明白：知道不做什么和知道做什么同等重要！

高效能教师不会试图一股脑儿地将所有的知识和技能灌输给学生，他们会极具策略地思考他们应该教什么以及应该怎么教。他们明白：在教学中，至关重要的是学习的质量而不是数量。高效能教师最先要确定的是学生最需要知道哪些知识和技能，以及如何让学生更好地理解这些知识和技能，然后再确定那些能够帮助学生更好地掌握学习目标的学习活动。他们利用课程的灵活性来寻找对学生最有帮助的课程内容，他们将时间花在他们认为非常重要的、不可或缺的知识和技能上。他们给学生提供大量的、有针对性的机会，这极大地提高和加深了学生对核心知识和技能的理解。

合理布置作业

有时，很多老师会依据课程所要求的学习内容的数量来判断课程的严谨性，为了让一门课程变得更加严谨，有些老师认为必须布置每个晚上数个小时的作业。尽管布置了这么严格的作业，但实际上，如果只是强调功课数量的话，布置再多的作业也不会起到什么作用，因为真正具有决定性作用的是学生所做功课的质量。

有趣的是，罗伯特·马沙诺也曾说过"花在家庭作业上的大量时间从本质上来说没有太大的意义"。这就意味着罗伯特·马沙诺也认为家庭作业的数量并不重要，重要的是它的质量。他指出"大量的毫无质量的家庭作业对学生来说，是没有任何好处的，事实上，它可能还会给学生带来各种各样的坏处。少量的优质家庭作业，从另一方面来说，可能会产生意想不到的良好效果"。

在我教学生涯的早期，我每天晚上都要布置家庭作业。我将它视为学生学习不可缺少的一个重要部分。我认为要想让自己所教的课程变得非常严谨，就必须确保学生做大量的家庭作业，以帮助他们巩固所学的知识和技能。

因为我将大量的精力集中在确保学生每晚都有家庭作业，我经常会分配给学生忙碌的学习任务。我设计了一个工作表，并为学生寻找额外的阅读任务。很少有晚上我没有给学生布置家庭作业的，现在想想，我有一种说不明道不清的愧疚感。

布置大量家庭作业的后果很严重，不仅我会因为要给学生所有的家庭作业评分而感到异常疲惫，而且我的学生也很少能够完成大量的家庭作业。渐渐地，这种情况变得越来越严重，导致在这个学期末学生家庭作业完成的比例才大约占到50%。

就在那个阶段，我刚好在教育顾问马克思·汤普森那里接受培训。他指出，家庭作业应该着重于知识和技能的练习和巩固，而不是获取新的信息，因此老师不能要求学生在家里孤立地获取新的信息。

下一个学期，我将马克思·汤姆森的这个理念解释给学生听。我向学生宣布我以后只会布置有意义的家庭作业。对于有些家庭作业，我甚至还会给他们自由选择的权力。这之后，我布置的每一次作业，学生几乎都能按时按质按量地完成。少数没完成作业的学生也会在我的陪伴下，利用午餐时间完成它们。

我布置的家庭作业越少，学生完成它们的可能性就越大，因为他们理解了家庭作业不是一项忙碌得让人无所适从的任务。当我向他们解释布置每一个家庭作业的目的，以及向他们展示家庭作业会如何提高他们的学习能力时，我的学生不仅会更加努力地完成他们的家庭作业，而且还会积极主动地参与到这项工作中去，因为他们看到了它的重要意义。

当你真的需要给学生布置合理的家庭作业时，我是很支持你这样做的。当然，你要确保布置的家庭作业和学习目标有直接联系，不仅如此，你还需要将这种联系详细地解释给学生听。如果你不能将家庭作业和学习目标联系起来，那么请你不要布置这样的家庭作业。

确保作业有效的3个重要因素

● 仔细思考一下你即将布置给学生的家庭作业。这份作业真的是必要的吗？它能帮助学生掌握这个单元或者这堂课的学习目标吗？如果是的，那么你如何布置这份作业才能确保学生独自按时按质按量地完成它呢？你又怎样去支持和帮助他们？

● 给父母和监护人提供指导，告诉他们如何有效地帮助学生完成家庭作业。永远不要要求家长为了在家庭作业方面给孩子提供支持和帮助而成为你这个学科的专家。相反，你应该为家长提供一些有效的方法来学会通过问孩子一些分析和总结性的问题来帮助孩子表达他们所学到的知识，从而加深学生对知识的理解。

● 确保你所布置的家庭作业有一个明确的目标，并且在布置作业时你应该确保自己已经就家庭作业的目的和学生进行了良好的沟通。这样的话你才能切实增大学生完成家庭作业的可能性。

避免全盘灌输的模式，采用灵活的课程模式

将注意力集中在数量而不是质量上的另一个潜在危险是陷入全盘灌输的模式中，这种模式一味地强调教科书和课程指南所规定的各种学习材料。当我们运用这种全盘灌输的模式进行教学时，我们只是关注教学需要的材料本身，而不会去在意我们的学生是否真的

学会了它们。

当我们运用全盘灌输模式时，我们关注学生的注意力集中在他们是否能完成学习任务，而不是学生是否真的理解了它们。这个想法甚至要求学生全盘接受我们所教的知识和技能。教育家格兰特·威金斯和杰·麦克泰将这种方法称为"全面覆盖教学"，并且重点强调，如果我们真的想要帮助学生理解知识，我们必须避免"全面覆盖教学"，积极为学生提供极具战略性的多种学习体验。

> 话虽如此，但是……我会陷入某种困境或者受到某种教训。

如果你不得不和同一个地区的其他老师一样，使用同样的课程指南，在这种情况下，你仍然可以更多地强调质量而不是数量。因为即便你和同一个地区的其他人一样使用同样的课程指南，也并不意味着你不能以更有意义的方式来着手教会学生知识和技能。你只需要明白，强调质量的关键是要注重课程的目标而不是课堂活动。"难道我不需要完成课程指南中所建议的每一项活动吗？""在教学实践中，难道我必须放弃一些活动，以空出更多的时间花在那些能够更好地帮助学生掌握学习目标的活动中吗？"也许你会常常为这样的矛盾而感到苦恼。

解决这一矛盾的最佳方法就是将我们的工作重心放在学习内容的质量而不是数量上。你可以问问你自己，什么样的学习内容会最快速地帮助学生达到课程目标？然后再重点讲解你认为最核心的知识和技能。

话虽如此,但是……繁忙的工作是课程的一部分,我必须完成它。

你可能需要像其他人一样使用相同的教学工作表或者教学活动,但是你没必要以相同的方式使用它们。你可以通过增加多元化的手段充实你的教学活动或者通过讨论丰富你的教学工作表,以寻找到那些切合实际的教学方式,让你的教学工作表和教学活动对学生更有吸引力。

首先,你可以调整教学工作的重点。其次,你可以调整学生完成学习任务的方式。比如,让学生两个人一起或者分组完成学习任务,或者要求他们讨论学习任务,或者将新颖的话题作为一个全班讨论的启动点,或者让学生更好地应用知识和技能,或者设计出与实际生活紧密相连的教学活动。

我决定将一些常见的任务有效地结合起来。我让学生进行一些采访,作为他们作文素材的一部分。在他们写好作文后,我让他们将其转换为一个面向班级同学的简短的演示文稿。通过结合这些常见的任务,我能够更有效地利用更多的时间来教给学生更多的基础知识和技能。

要想提高教学效率,保持课程的灵活性,老师必须把重心放在研究课程内容上,才能找到让学生进步的方法,才能知道哪些课程目标学生已经掌握了,哪些课程目标需要付出更多的时间和精力。其中,最关键的还是始终专注于课程标准。不要企图大规模地消化掉整个课程的所有单元,而是要将关注的重点放在每个单元的最终结果上。一旦你理解了这个教学单元的最终目标，你就能确定哪些学习活动将会有力地帮助你和学生达到这个目标。

你可以将课程指导视为一份可挑可选的菜单，而不要将其视为什么都可以吃的自助餐。有些课程目标是必须掌握的，但是如何掌握这些目标在很大程度上都取决于你。如果有更高效的方式能让学生更快地掌握目标，那么请想尽一切办法使用它。此外，为了达到你的课程目标，请尽可能地找出课程指南中重叠的内容以避免浪费时间，并巧妙地将学习目标和作业练习有效结合以巩固学生的学习成果。

提高教学效率的5个方法

- 在每个新的单元教学刚开始时，给学生一份能够提高学习效率的单元学习目标（许多教科书在每章末尾都有这样的学习目标）。
- 学习目标要确定学生是否需要学习整个单元，或者包含一些快捷高效的讲解方式。
- 规划在这个单元的每个部分你将要花的时间。
- 寻找可以将作业和学习活动有效结合的方法，这样就可以在课程教学过程中为学生讲解更多的知识以及帮助学生掌握那些他们很难理解的重点知识。
- 寻找重复或者重叠的内容，确定哪些任务可以停止或者取消。

当学生跟不上时，怎么办

作为老师，我们知道学生通常会将大量的时间和精力放在掌握我们正试图教给他们的知识和技能上，却顾不上去掌握那些他们真正需要的知识和技能。

实际上,学生真正需要的知识或技能必须是对后面的学习有帮助的,因此他们在进行下一课或者下一个单元的学习之前,我们就必须确保学生掌握了它们。这是至关重要的,换言之,就是根基要打牢。

很多老师看到学生没学会某项技能时,他们往往会设法利用以下两种方式来解决问题。

第一种方法是,一看到学生没有掌握某项技能,就开始想办法弥补,这样在这一整个学年里老师都要为学生进行不断的补习。

第二种方法是,捕捉到学生将要跟不上的信号时,就赶紧采取措施,追踪学生的练习进度,掌控他们的学习状态,为学生提供必要的支持和帮助,然而这样的努力之后,学生依然可能需要付出加倍努力才能学会这一技能。

这两种方法最终都是徒劳的。你不可能帮助学生弥补每一个知识或技能的差距,也不可能帮助每一个学生获得课程中要求的每一个知识或技能。

帮助学生弥补知识或技能缺口的最佳捷径就是找准那些对学生来说缺一不可的重要知识和技能,这些知识和技能是你所教学科领域的重中之重,它们能够帮助学生获得真正需要的知识和技能。

通常,我们的期待与学生学习的实际情况之间存在着巨大的差距。我们希望他们了解化学,他们却几乎连一个简单的方程式都解决不了。我们希望他们写一篇分析内战原因的文章,他们却连一个完整的句子都写不好。当这样的学习差距大得像一个无底深渊时,我们该怎么办?

如果你认为在这样的情况下你必须返回去再重新教那些以前教

过的技能，那么你的这种想法相当令人望而生畏。

这就好比你见到了前边地面出现一个巨大的地洞，即使立刻给你一把铲子，根据地洞的大小，你可能永远也填不满它。当然，你有权坚持不懈地填洞，但这是毫无作用的。现在，我们将为你提供几个处理洞口的好方法。

一种方法是，建一座桥，然后跨过它。你会在学生的学习差距上建一座桥吗？尽管为学生弥补知识和技能的差距非常重要，但如果无论怎么努力都无法弥补这个巨大的差距时，用建桥的方式来代替填补的方式，会让学习变得高效很多。

另一种方法是，预先给学生灌输足够多的知识，激发起学生的好奇心，然后利用这种好奇心让学生自觉去扩充自己的知识。（如果想知道更多提高学习效率的方法，请访问www.masterteachermindset.com。）在你要求学生预习时，你应该让学生预习更多与这堂课紧密相关的内容，或者为学生提供一些与这堂课学习相关的背景知识。这样，学生在学习这堂课的知识时，他们就会得到事半功倍的效果。

如何快速弥补学生的学习缺口

下面的问题能帮助你确定哪些知识和技能需要加强，而哪些知识和技能你可以直接跳过。

- 为了成功地完成学习任务，学生需要遵循什么规则或常规？
- 学生需要理解哪些原则，以便我们更好地解释他们需要学习哪些知识，在他们遇到困难时需要排除哪些故障，在他们面临新的情况时需要做出哪些调整？
- 在学生完成学习任务之前，他们需要哪些知识？
- 当学生完成任务时，他们需要想起哪些知识？

- 为了完成任务，学生需要运用哪些概念？

平衡必要知识与补充知识

从数量转向质量的一个重要步骤，就是仔细研究你的课程，然后决定什么是学生必须掌握的知识。

为了让学生了解你的学科，有些知识是学生必须知道的，而有些知识并不是必须知道的，但如果学生知道这一知识，将会更有利于他们的学习，我将这两种不同的知识分别称为必要知识和补充知识。例如，在自然科学课上，什么是细胞以及细胞在生物体中如何发挥作用，这是学生必须知道的必要知识。蛋白质生物合成的复杂之处，则是补充知识，学生不一定非要知道，但是知道了更好。

确定哪些知识是必要知识有很多种方法。其中，一种方法就是仔细研究单元考试或国家的统一考试。另一种方法就是为了成功地迈入下一个阶段的学习，学生所必须知道的知识。例如，如果你教代数1，那么学生为了学习代数2，甚至为了能在几何的学习中获得成功，学生必须知道代数1中的部分知识。你也可以通过你所教学科的基本理念来决定学生必须学会的知识是什么。

一旦你确定了学生必须知道的必要知识，你就要开始准备你的课程和教学计划最基础的内容了。其中，最重要的是你要精心将必要知识渗入每一个单位和每一堂课的教学计划，这样才能解决教学中存在的基本问题。一旦你完成了，你就可以适当地加入一些补充知识。这些知识会丰富我们的教学活动，也能够增强学生对必要知识的理解。

话虽如此，但是……补充知识使我的课程更加有趣！我为什么要抛开学生和我自己都喜欢的知识呢？

多年来，我们已经累积了各种有趣的教学活动，我们可能很难将这些有趣的东西从我们的课堂中剔除。我想说的是，你没必要放弃所有的补充知识，但是你必须从不同的角度来看待这些补充知识。不可否认，它们绝对不可能比必要知识更重要，它们对必要知识只是起着补充和丰富的作用。

但是，我们可以采取合适的方式在我们所教的学科中恰当地安排这些补充知识。首先，我们可以利用这些补充知识激发学生的学习兴趣，或者将其与必要知识巧妙地结合起来；其次，我们可以利用这些补充知识来丰富和加深学生对必要知识的理解；最后，对于那些已经知道了必要知识的学生，我们可以将这些补充知识作为一些与众不同的材料提供给他们，以激励学生勇于应对学习上的挑战。

巧妙地界定必要知识

- 确定学生必须知道哪些知识，优先教学生还不知道的必要知识。
- 在教学组或者年级组，与其他的老师一起确定学科领域或者年级的必要知识，你还可以依据学习目标在总体上确定必要知识。
- 将所有的必要知识列成一份清单。使用下面的标准将必要知识从补充知识中区分开来：
  · 它是国家统一考试或者期末考试标准中要求的吗？

- 它是学生在下一阶段的学习中取得成功的必需知识吗?
- 它是理解你所教的学科必不可少的知识吗?

如何提升学生的学习力

一旦你确定了学生必须知道的知识,下一步你就要确定如何让学生更好地掌握这些必要知识。有些知识只需要你向学生进行详细的介绍和提炼知识要点,而有些知识是需要学生真正掌握的。这样的区别很重要,因为它证明了知识的质量远远胜过知识的数量。格兰特·威金斯和杰·麦克泰指出"我们所教给学生的每一件事并不都是学生必须彻底理解的"。有些知识仅仅要求学生了解大致的内容和重点就行,学生们只需要意识到它们的存在,但它们对于学生在本阶段以及下一阶段的学习,并不是最关键的,因此并不需要学生花太多时间深入理解这些知识。而有些知识则是学生必须彻底理解的,因为对它们的理解是这个学科领域最基本的知识,学生必须学会熟练使用这些知识。不管哪种情况,学生都需要练习,但是了解知识所需要进行的练习程度和数量会远远小于熟练掌握知识所需要进行的练习程度和数量。

如何安排教学的优先级

马克斯·汤普森博士建议,教师一定要基于如何让学生更好地掌握必要知识来考虑他们课程教学的优先级。

在你的教学过程中,思考如何让学生更好地掌握必要知识,能够更好地帮助你分配花在每一个学习目标和活动上的时间。充分考虑课程的优先级,将帮助你把更多的时间和精力集中在核心的知识内容上，不仅如此，也能确保学生很好地掌握它们。

那么如何来安排课程的优先级呢？请确定你的课程中80%的知识是必要知识，20%的知识是补充知识。通过确定哪些内容需要努力学习才能达到熟练掌握的程度，你可以进一步分解你的必要知识（大约占全部课程的50%，必要知识的60%），哪些内容需要向学生介绍与延展（大约占全部课程的30%，必要知识的40%）。你应该先关注那些学生必须熟练掌握的知识，然后关注那些学生需要延展的知识，最后才去关注那些补充知识。

专注分散练习

持续关注质量和数量的另一个方法是，给学生分散练习的机会。举个例子，如果我正在教学生如何写一个虚拟场景，我真的需要他们基于虚拟场景写一整篇相关的作文吗？学生难道就不能先独立写一个虚拟场景吗？如果我试图努力去教学生如何写好一个有效的论点，他们真的需要基于这个有效的论点而写一整篇文章吗？我难道不能让学生只专注于对这个有效的论点写一个精简的介绍，而对文章的余下部分写一个大纲，以让学生理解论点介绍和整个文章结构之间的紧密联系吗？我真的需要每一次都对学生进行集中练习吗？

事实上，分散练习意味着你要将学习内容分成许多很小的部分，以便学生能够一次学习一个小部分。研究表明，分散练习会比集中练习更有利于学习，因为它能够让学生集中精力理解关键的知识或技能，而不至于陷入一些相关的但不是关键的知识或技能中。不要让学生长时间集中练习一种技能，而是要让学生每天都花时间来进行分散练习，这种方式能帮助学生有效利用时间来进行学习实践。

此外，当你正在写一个单元的教学计划时，你应该给学生安排一些练习上个单元所学习的知识和技能的机会，这将帮助学生回忆和巩固上个单元所学到的知识和技能，并将这些知识和技能有效地转移到这个单元的学习中。

西尔维娅老师的教学经验

西尔维娅教导文学，这是一门强调细读文本的课程，主要以戏剧、小说和诗歌为主，要求学生对传统文学有深入的理解。在学年末，学生被要求参加一个严格的国家统一考试。如果他们通过了，这门课程将为学生进入大学加分。

西尔维娅的学生不是你所想象的传统意义上的能考入大学的学生，他们来自布朗克斯的一个贫困的公立学校。大多数学生从出生到现在都没有读过几本书。不仅如此，他们的写作能力也很弱。

考虑到学生如此落后，西尔维娅设计了一个教学大纲，旨在帮助学生学习那些他们没有来得及学习的知识和技能。她的大纲要求学生在一年的时间里阅读28篇小说，并且每一周写一篇文章。学生一共要阅读62首诗、40个短篇故事、5个戏剧。这门课程本来是四年制，它在三年前就应该开始设置了，然而学校并没有开设，于是西尔维娅不得不要求学生在最后的一年时间里完成这些本应该四年完成的学习任务。从本质上来说，西尔维娅的确打算花一年的时间教完需要四年才能教完的高中英语。

显然，西尔维娅是注定要失败的。她的意图很美好，但是她的策略不足以支撑她的意图。

当我秋季到西尔维娅的教室拜访她时，她显得灰心丧气。她的学生没有完成她当初的阅读安排，他们忙于他们的家庭作业，很多学生已经陷入了学习危机，甚至放弃了这门课程。西尔维娅曾经听我说过质量远远胜过数量，她也知道她的教学大纲过于密集，但是她依然无法知道在不牺牲课程严密性的情况下，如何削减她的教学内容。在听完西尔维娅所遭受的挫折后，我提议一起看看她的教学大纲，然后考虑如何使它更易于执行。

我们先看了考试大纲要求学生掌握的知识和技能。这个考试每一年都会有变化，因此我们只参考了过去三年的考试内容。当我们分析第一年的考试内容时，我们发现这个考试涉及了《哈姆雷特》《哭泣的大地》《傲慢与偏见》《红字》。第二年的考试涉及了《哈克贝利·费恩历险记》《垂死的教训》《呼啸山庄》《奥赛罗》《局外人》。最后一年的考试包含了浮士德的一些精华选辑以及《伟大的盖茨比》《土生子》《推销员之死》《金色豪门》。

"你看看！"西尔维娅指着试卷说道，"这就是为什么我不得不让学生阅读那么多书的原因。他们几乎没有读过这试卷上面的任何一部作品，他们怎么可能通过这个考试呢？"

"西尔维娅，你根本无法让学生阅读完考试所要求的所有书目。这个考试的内容每年都在不断变化。"

西尔维娅点点头说道："这就是问题的根源所在。通过这个考试的孩子一直在不停地阅读。他们一直阅读了很多年。而我的孩子从出生到现在也许只读过四五本书。他们是永远都赶不上的。"

"也许他们没必要这么做。"我拿起考试卷说道，"让我们再看看这份试卷。"

这次，我们关注的重点是这个考试摘录的文学著作所反映出来的对学生学习能力的要求。我们想知道学生要具备什么样的能力才能通过这个考试。我们很快就意识到阅读多种文学著作是有用的，但却不是通过考试的必要条件。我们写了一张学生要想通过考试所需要的能力清单，发现这些技能可以贯穿我们所研究的这三次考试的重点内容。考试要求学生能够深入地分析文学作品，以及在写作过程中有效地表达他们的分析。

"西尔维娅，在学生阅读文学作品时，你教给他们这些技能了吗？"

西尔维娅低头看着我们列出的清单，说道："哦，没有，我之前只是要求学生不断地阅读规定的文学作品，看来我需要马上教学生这些技能了。"

接下来，西尔维娅和我一起减少了阅读书目的数量，规定只要求学生阅读8篇小说、3个戏剧和20个短篇故事。我们决定将精力转移到教会学生阅读的技能上来，如果学生学会这些技能，他们就能够灵活地将它们运用到其他的阅读活动中。等到我告别西尔维娅的时候，她已经制订了一个有效且可行的教学计划。

西尔维娅所学到的经验是我们作为老师必须要学会的经验。当我们关注数量胜过关注质量时，我们就会要求学生必须学习更多的知识，而不是要求他们学习那些能够以不变应万变的技能，从而导致学生陷入忙乱之中，我们自己也变得不知所措。事实上，提高学生学习效率和学习成绩最关键的不在于我们教给学生的知识的数量，而在于我们教给学生的学习策略，它在很大程度上决定了学生能否更好地掌握我们的课程目标。

Tips
教学小贴士

1. 检查课程是否包含了重叠的知识，以及不必要的学习活动。请剔除这些，以便节省出更多的时间来讲解重要的知识。

2. 仔细区别课程中的哪些知识是必要知识，哪些知识是补充知识。

3. 学会使用分散性练习，为学生提供更多有针对性的练习。

第7章

轻松应对教学难题

> 在没有告诉学生要领会什么的情况下,如何告诉他们去寻找什么,是教学面临的最大困境。
>
> ——拉塞尔斯·阿伯克龙比

不要代替学生学习

我曾经在一所中学担任过教师培训师。奥德丽邀请我去帮她管理那些看起来学习积极性不高的学生。上课的时候，奥德丽贴出了日程表，并要学生抄下来，只有几个人按她说的做了，大部分人都没有动手。然后，奥德丽开始播放幻灯片，前面的几张幻灯片复习了昨天晚上布置的阅读作业中的重点内容，接下来的几张幻灯片关于这篇阅读文章提出了几个问题，供大家讨论。

"好的，同学们。"奥德丽开口道，"在这个故事中，红苹果的象征意义是什么？"

学生们坐在座位上，看着奥德丽。奥德丽着急地说道："快点吧，同学们，你们是知道的。"仍旧没有人举手。奥德丽忍不住地提示道："记得吗？乔纳斯之前是看不到红色的，现在他忽然间能够看到颜色了，对吗？"几个学生点了点头。

"好的。为什么乔纳斯没有把他的梦想告诉家人呢？"她问道。这一次，一个学生举起了手。

"因为他不想告诉他们。"那个学生回答说。

"很好，特丽萨。"奥德丽表扬了她。

"那他为什么不想告诉他们呢？"

特丽萨耸了耸肩："我不知道。"

"加油，特丽萨。你是知道的。他的梦想是……"奥德丽放低声音说道，她还意味深长地看着特丽萨。特丽萨茫然地看着她。奥德丽又忍不住地提示道："他的那些梦想是与众不同的，它们是……"

"不相同吗？"特丽萨问道。

"对的。乔纳斯的梦想和他家人的梦想是不相同的，他的家人不能够理解他的梦想。事实上，乔纳斯自己也不能理解他的梦想。在乔纳斯看来，他的家人根本不懂他的梦想，因此他没必要向他的家人解释他的梦想是什么。"

这样问了几分钟之后，奥德丽关闭了投影仪，走向录音机，说道："现在，请大家打开书，翻到第25页。"大部分学生拿出了书。奥德丽打开录音机，录音机里面有个声音开始朗读这一章的内容。一些学生照着奥德丽说的做了，其他的学生则把头放在课桌上开始打瞌睡。

录音放完的时候，奥德丽关闭了录音机，说道："现在，我们来玩一个复习游戏，帮助我们记住刚刚读的内容。请大家四人一组来完成这个游戏。"她给每个小组都分发了一个信封。信封里面是一些纸条，每个纸条上面都有一个句子描述故事中的一个事件。奥德丽解释道："请拿出这些纸条，根据今天我们学习的这一章中所发生的事情，将纸条按顺序排列好。"

学生们开始将纸条排序，但是其中有一组学生没有动手。

"喂，伙计们，你们为什么不动手呢？"她问道。

学生望着她，说道："老师，我们不会。"

奥德丽提示道："你们记得在这个故事中，乔纳斯开始他的训练之后，接下来会是……"奥德丽等着学生的回应。

"第二条吗？"一个学生自告奋勇地说。

"不，不是第二条。"奥德丽回答道。

"第三条？"另一个学生猜道。

"答对了。"奥德丽面露喜色地说，"现在第二步发生了什么呢？"

"我不知道。"一个学生耸了耸肩。

学生们等着奥德丽接着往下说。

"加点油，同学们。"奥德丽指着下一张纸条，鼓励学生。

学生拾起了刚刚奥德丽指的那张纸条，学生猜测说，"哦，是这一条。"

奥德丽点了点头："对了。"

学生们坐在那里，看着奥德丽替他们完成了这一次的练习。

老师们上了一整天的课，看上去精疲力竭，当他们看着学生在教室里跳进跳出的时候，我想每一位老师都可能在心里想着："这可真不公平，我累成这样，他们在学习没有达标的情况下却还能如此轻松。"这是不公平，不是对老师不公平，更重要的是对孩子的不公平。如果老师精力憔悴地完成了全部的任务，而孩子们的学习却依然不能达到应有的效果，这对学生确实很不公平。优秀的老师，不仅能让学生轻松地学好知识，而且也能让自己轻松起来。

当我和老师们分享高效能教师的思维模式时，很多老师都迫不及待地想要弄清楚让自己轻松起来的方法。他们工作都极其认真，并且迫切地想要学会如何将学习任务交给学生来完成，而不是他们自己去替学生完成。但是，老师必须确保交给学生的任务是学生真正需要的，并且要明确区分自己的任务和学生的任务，确保做好自己的本职工作。

老师要有界限感

通常，课堂中的大部分任务都是由教师来完成的，教师备课、讲课，对教学效果进行反馈，而学生则是被动地听课、做笔记、完成练习、参加考试。我们很多人都把教学工作当作是向学生灌输知识。我们使尽浑身解数，精心策划了工作的每一个方面，却忽视了锻炼学生独立学习的能力。

一些老师一心想要控制教学的每个环节，因为他们认为这就是他们的本职工作。他们觉得如果他们不掌控课堂实践中的每个方面，他们的学生就不能或者不会完成功课。他们认为有计划的教学过程可以避免学生陷入无序的学习状态。他们站在台上，很少和学生互动。然而，这种类型的教学却令学生感到愉快，因为它不需要学生真正进行思考，所以学生很少对此抱怨，他们心甘情愿地期望我们做最大的那部分工作。

我们一直希望学生为他们自己的学习承担起更多的责任，然而我们却继续掌控着他们学习过程中的每个方面。我们控制着学习内容、正确答案、学习方法、学习时间等。之所以掌握所有的教学环节，并不是因为学生没有能力在课堂中完成更多的任务，而是因为我们习惯自己去完成。如果我们不先将一些掌控权让给学生，那么学生又将如何学会承担起更多的责任呢？

有时，我们会不由自主地陷入这样的困境当中，为了弥补学生缺乏责任这一缺陷，我们不得不替他们完成他们的任务。但是如果这样做，我们就永远不可能让学生学会承担责任。有时，我们甚至会走向极端，给学生强加一些对他们发展不利的责任。当他们不能有效地履行这些责任时，我们就责备他们。

课堂是由学习者组成的一个群体。在这个群体里，有的角色是学生必须扮演的，有的角色是老师必须扮演的。与其企图控制这个群体，为何不建立起合理的课堂结构？这样每个人都能有效地扮演好自己的角色。

大多数老师都知道，之所以会出现课堂问题，是因为课堂中的任务没有得到恰当地分配。要么就是老师在完成学生的任务，要么就是老师要求学生完成真正属于老师的工作。

我们低估了学生的能力，也低估了我们自己那部分任务的价值。当学生遇到某个问题时，我们的第一个念头就是快速解决这个问题，然后继续下面的教学。但是这样做就把学生的学习任务转移到了我们身上。事实上，我们应该学会提问，帮助学生全面思考这个问题，并且指引他们利用现有的资源解决这个问题。与其为他们解决问题，还不如向他们展示如何依靠自己解决问题。

很多人都没有意识到我们目前正在做的很多事情实际上是阻碍学生进步的。为学生完成他们应该完成的任务，是在阻止他们凭借自己的能力达到学习目标。我们作为老师的真正任务是帮助学生形成自己的观点，形成他们自己对事物的认识。如果我们想要学生在课堂中承担起更多的责任，那么我们就必须帮助他们明白他们的角色是什么，并且帮助他们有效地承担起他们的责任。

当然，我们还要确保自己没有给学生太多的任务。有时学生感到吃力，是因为我们要求他们完成本应由我们来完成的工作。一个老师如果要求学生凭借自己的力量弄懂如何阅读教材上的章节，或者期望学生在家里能够弄明白一个复杂的练习或课题，其实真正的根源是这位老师在课堂上没有时间完成这个任务，所以他是在要求学生完成他的工作任务。

有效教学的关键是要确保你和学生在课堂上履行各自真正的职责，也就是说，你要做属于你分内的工作，学生要完成他们分内的任务，同时，你还要确保学生达到甚至超越课程所要求的学习目标。

优秀的老师会在自己的角色和学生的角色之间清楚地划分出界限。他们确保自己没有要求学生去完成自己分内的任务，也小心翼翼地不去完成真正属于学生的任务。优秀的老师不仅会帮助学生完成他们的任务，而且会告诉学生如何更有效地完成学习任务。

老师的职责

实际上，你必须先确保在学生面前表现出正在做自己的本职工作，他们才会在课堂中做你期望他们做的事情。

你的职责包括：

- 准备好上课的一切工具。
- 确定要讲解的内容，教到哪种程度，期望学生有什么样的行为表现，你和学生将会采取哪些步骤进行学习，学生会产生什么样的学习效果，以及这堂课会接触到哪些学习要点。
- 提供清晰的学习方向和目标。
- 和学生积极互动。
- 对所教的内容表现出热情，对学生的成功给予鼓励。
- 给学生提供有效的帮助。
- 对学生的进步给予积极的反馈，及时调整自己的教学方式。

让学生独立解决问题

作为老师，明白自己的职责是什么很重要，同样重要的是，要明白什么不是你的职责。我们的职责不是为学生解决问题,而是为他们提供适度的指导,这样他们才能学会靠自己解决问题。

我们的任务不是管理学生的行为,而是教学生如何管理他们自己的行为。我们在课堂管理中不需要太过努力去完成那些本应该由学生来完成的任务,更不能随意左右学生的行为方式,我们只能对学生施加积极的影响。

老师的责任不是解决学生所有潜藏的问题。实际上,在许多情况下,我们无论怎么努力都无法解决学生家庭生活的艰难或者他们思想和情感上的问题。我们的任务是帮助学生排除课堂之外的束缚,在课堂中表现出色。

我们常常会犯这样的错误,那就是当我们看到学生在吃力地寻找正确的答案时,我们见不得学生挣扎的样子,恨不得马上帮他们摆脱这个苦恼,给他们提供正确的答案。但是我们的任务不是替学生思考和学习,过快的干预会妨碍学生完成他们的学习任务。尽管看到学生学习吃力,每一位老师都会很难受,但是,我们只有控制住想要马上帮助他们的欲望,才能帮助学生独立地进行思考和学习。

一天早晨,当我旁听丽贝卡老师的课时,我看到了一个让学生学会独立解决问题的最好的例子。

学生正在讨论《独立宣言》,丽贝卡老师问道:"《独立宣言》的第一行的'我们认为这些真理不言而喻'是什么意思呢?"

学生们默默地盯着丽贝卡。她双手交叉在胸前,靠着后面的讲桌,等着学生的回答。

安静地过了两分钟。这两分钟是非常痛苦的两分钟,学生们坐着,盯着丽贝卡,丽贝卡则站在那里,面带微笑地看着她的学生。在这沉默的两分钟里,我有点坐立不安,我认真地考虑要不要举起手,或者把答案传给坐在我旁边的学生,这样他就可以举手回答问题了,课堂也就可以继续往下进行了。

最后,几个学生拿出了他们的课本,开始重新读那篇文章。丽贝卡开口说道:"不错,重新再读这篇文章是一个很棒的办法。"然后她又继续等。

又有几个学生打开了书,开始读起来。实际上,学生看起来感到有点不自在了。丽贝卡站在教室的前面,期待地对他们微笑。我开始认为她有一点不理智了。

然后,一只手举起来了。哈利路亚!我在心里默默地感谢这位举手回答问题的学生。现在终于可以停止这种折磨了。但是丽贝卡并没有马上叫那位学生回答问题。她还在等啊等。在经历了很长的等待之后,又有几个学生举起了手。当五个人举起手的时候,丽贝卡叫了其中的一个学生回答问题。然后她又叫另一个学生补充第一个学生的回答。接着她又叫了第三个学生。每个学生的回答都比上一个学生的回答更深入更全面。第三个学生答完之后,丽贝卡便让学生开始一起讨论。在接下来的二十分钟里,学生投入到了激烈的讨论之中,这是我之前从未见过的。

我后来又碰到过丽贝卡几次,针对她在课堂上使用"等待学生自觉回答问题"这一招问了一些问题。我向她承认我在最开始的两到三分钟的漫长沉默里感到非常不舒服。"我也是。"她笑着说,"但是,我不想学生仅仅给我一个敷衍了事的答案。我想要他们真正地理解它。"

"但为什么要等呢?为什么不紧接着问几个问题或者给他们提示呢?"我对她为什么选择这种教学策略感到很好奇。

"我们很多时候都讲得太多,没有给学生时间去思考。有时,我认为学生只是需要时间独立思考问题，所以我会给他们足够的时间。其实，我有时也着急想要告诉学生答案，但是我不得不告诉我自己闭上嘴巴，给他们时间独立思考。当我这样做的时候，学生们通常会更主动地思考，并积极参与课堂讨论。"

我认为丽贝卡是对的。学习是学生的主要任务，我们得让学生学会摆脱困境，独立解决学习中的种种问题。当然，这是一个微妙的平衡。我们不能永远让学生处于不确定的状态，但是我们可以退一步，让学生自己去应对学习，我们可以在一旁鼓励他们，开导他们，这样他们就不会变得过于沮丧。我们这样做的最终目的就是让学生自己独立解决学习上的问题，这才是真正的学习。

划分课堂任务

你的任务：
- 提供必要的学习用具。
- 提供清晰的学习导向，明确对学生的学习期望。
- 建立教学场景，提高与真实场景的相似度，这样学生就会积极参与课堂，进行学习。
- 确定教学程序和熟练掌握知识要点。
- 将课程分解成一个个易于执行和管理的小部分。
- 决定教学时间和教学节奏，并根据课堂需要做出适当的调整。
- 帮助学生将学习内容与他们的实际生活联系起来。
- 促进学生的学习。
- 检查学生对学习内容的了解情况，并相应地对教学进行调整。
- 当学生困惑时，为他们提供帮助。

- 不断地训练学生，使他们有更好的表现。
- 提供持续反馈。
- 创造一个讲礼貌的学习环境。

学生的任务：

- 上课之前做好准备。
- 紧跟学习导向，当不明白导向时，积极提问。
- 尊重教学场景，并小心保护它。
- 设置个人的学习目标，展现自己对知识的掌握程度。
- 参与到课程各个部分的学习中去，并按时完成学习任务。
- 对教学时间和教学节奏提出反馈，让老师知道什么时候教学节奏过快或过慢。
- 寻找将学习内容和实际生活联系起来的办法。
- 通过检查正在学习的内容，在各个概念之间建立联系，积极解决各种学习问题。
- 当不理解学习内容的时候，及时让老师知道。
- 寻求帮助，坚持不懈地解决问题。
- 倾听，反思，不断练习，改善自己的表现。
- 利用反馈来提高学习。
- 尊重老师和其他同学。

让学生自觉完成学习任务

不可否认，在课堂上有些特定的任务只有老师才能完成的。只有老师才能剖析教学标准。只有老师才能计划各个单元的教学。只有老师才能不断地评价学生对知识的掌握程度，并且对教学策略进行调整，从而帮助学生熟练掌握知识。只有老师才能给学生评判成绩。

事实上，学生在课堂上的基本任务就是对老师所教的知识形成正确的理解。除此之外，学生还能维护教室和课堂上的一些日常事务，学生能够每天预习新知识，制订自己的学习目标，主持课堂讨论活动，收发试卷和作业本，等等。因此，想要学生更好地学习，我们就必须明白：在正确的帮助之下，学生能够完成的事情比我们认为他们能够完成的事情要多得多。

我的同事奇希知道在网上有一些教程和模拟实验可以作为补充材料供她的学生加以利用。通常来说，奇希会花大量的时间来搜集网站上能够为学生所用的资料。我鼓励奇希考虑一下将这个任务交给学生来做。她想了想之后，决定将她要花一年的时间来完成的一系列学习主题分配给学生，并给学生一个星期的时间去网上查找与之相关的模拟实验或教程，找到的学生将得到一些额外的加分。在那个周末，学生提交了100多个和课程有关的网站。奇希花了大约两个小时的时间来访问学生提供的那些网站，并制作了一张网站列表，将它贴在班级网站上。从此以后，如果学生在理解某个概念感到很吃力时，奇希就会引导他们访问其中的某个网站，让他们在这个网站上寻找自己所需要的帮助，这样她就不用亲自为学生提供额外的帮助了。更重要的是，学生们可以反复利用这张列表，很快他们就能主动地在这张列表中寻找他们所需要的帮助。奇希只负责监督着整个过程，学习任务一直是学生在完成。

奇希终于明白了：她的工作任务不是代替学生去寻找学习资料。在正确的指引下，她的学生完全能够靠自己找到所需的资料。通过这个方法，奇希拥有了一个巨大的资源库，可以用来帮助她的学生，她告诉学生如何利用网络寻找资源和帮助，并利用这些资源和帮助来加强他们对复杂概念的理解。学生们不仅学会了如何学习，而且锻炼了他们在以后的学习生涯中可以利用的学习技能。

> 话虽如此，但是……让学生自己完成学习任务，需要我付出更多的时间和精力。
>
> 当我和其他老师在进行工作讨论的时候，我发现大家都会提出这样的问题：我们究竟什么时候能让学生对他们自己的任务承担起责任？这的确是一个合理的提问。但问题在于，老师只是要求学生承担起责任，却没有事先为学生奠定承担这些责任的基础。
>
> 在我们要求学生为他们在课堂中的任务承担起责任之前，我们得清楚他们的实际任务是什么。我们对学生的合理要求是什么？为了确保他们能获得成功，我们需要落实哪些措施？
>
> 期望学生能够不假思索地像成年人一样行为处事是不合情理的。我们必须教会学生如何成为一个有责任心的人。我们不能仅仅只把学生的任务交给他们，还得采取一种他们愿意完成这些任务的方式来安排任务，并且适时地帮助他们承担起责任。

让学生自己完成学习任务的另一个方法就是制定相关的制度，这样就能够约束他们做更多的事情。这些日常规定可以使学生明白他们的任务是什么，从而对自己在课堂中如何完成任务有明确的方向。事实上，学生并不习惯独自完成任务，所以他们需要一个相关的制度约束他们，并督促他们努力找到正确的方法来完成任务。譬如，如果你想要学生井井有条地做笔记，那么你就需要一个关于做笔记的规定和一个如何整理笔记的规定。如果你想要那些缺席的学生补习他们错过的内容，那么你就需要制定一个告诉学生如何补习学习任务的规定。如果你想要学生自己记录他们的成绩，那么你就需要给他们一个记录成绩的规定。

举个例子来说吧，在我以前的高中，为了帮助学生承担起更多的责任去有条理地做事、记笔记等，老师们为学生设定了常规，这一常规要求学生全都按照相同的方式做笔记。在每堂课的最后三分钟，老师都会停下来检查学生是否记了笔记，并鼓励学生有条理地整理笔记。通过帮助学生保持条理性，他们有效地帮助学生自己承担起责任来完成家庭作业、检查笔记等。老师并没有为学生做整理笔记的工作，他们只是为学生制定了一个常规，这样学生就能够自觉地承担起自己的责任。

促进学生主动学习的8个办法

- 让学生自己管理课堂，或者让他们主动遵守课堂中的日常规定。比如说，轮流为缺席的学生做笔记，这不仅能锻炼学生互助互爱的品格，而且也可以有效帮助缺席的学生。

- 巧妙利用小组合作学习或者交互式教学法，让学生更积极地参与学习。

- 给每个学生发一张作业完成时间表，要求学生依据这张时间表妥善安排自己的时间，在交作业之前要求学生认真检查作业。这样就把完成作业的责任放在了学生肩上，这不仅有利于学生更积极地完成作业，而且能有效锻炼学生的责任心。

- 和学生一起对每个单元的学习做一个约定，规定为了完成各个单元的学习学生必须做的事情。让学生自己选择是否签署这份约定，一旦签署这份约定，就要让他们承担起相关的责任。

- 当你让学生自己完成学习任务的时候，可以参考以下指南。
  - 弄清楚作业的特点。
  - 明确可能的误区。告诉学生如何避免这些误区。
  - 确定为了有效完成任务学生所需要的资源，并且将这些资源提供给他们。
  - 明确告知学生如果没有完成这项任务他将承担的后果。
  - 当学生完成任务时，要及时进行反馈。
- 利用由斯特朗、西尔弗和佩里博士提出来的四步法帮助学生完成学习任务，帮助学生改善并加深他们对某个主题的理解。
  - 引入概念。
  - 提出问题，要求学生在某些方面运用这个概念或者技能。
  - 让学生自己解决问题。学生也可以以小组合作的形式来运用这个概念解决问题。在学生自由讨论的时候，你可以巡视教室。如果有必要，可以指导学生深入解读概念，也可以帮助学生弄明白他们可能会遇到的疑惑，鼓励学生积极寻找解决问题的办法和对策。
  - 最后，将学生召集起来，让他们解释为什么他们的办法和对策会行之有效，发动学生对这种方法和对策进行一次全班大讨论。当学生在探讨什么有效、什么无效的时候，问他们一些具有启发性和探究性的问题，从而帮助学生更好地掌握方法和对策。
- 问学生下面的问题，并讨论他们在班级里应担负的责任。
  - 我如何知道你是否对学习尽责了？我会看到什么样的表现呢？
  - 我如何知道你对班级的成功尽责了？我会看到什么样的表现，表明你能够为班级的成功贡献一份力量呢？

在公告板上记录学生的回答，这样就可以时刻提醒学生在班级中所应承担的责任。

● 为了弄清楚学生应该如何在班级里履行他们的职责,你要和学生一起制定班级的日常规定。你至少要和你的学生制定如下的规定:

· 家庭作业(学生如何收集家庭作业,如何更好地完成作业。)

· 迟交作业(学生如何把它交上来,如果迟交作业需要承担什么后果。)

· 缺席(当学生缺席时,他们如何补习错过的学习内容。)

· 更新成绩(你多久公布一次成绩,你把成绩发布在哪里,学生如何记录他们的成绩。)

· 开始上课(开始上课的信号是什么,一节课将如何开始。)

· 下课(下课的信号是什么,如何解散学生,学生如何离开教室。)

· 出勤(你如何对出勤进行记录,你将如何处置上课迟到和无故缺席的学生。)

· 做笔记(学生应该使用什么样的方式做笔记,他们如何保存笔记,如何利用笔记进行学习。)

· 考试(如何布置考场,如何制定考场规定,如何上交试卷。)

· 讨论(学生如何加入讨论,由谁来推动讨论,如何结束讨论。)

让学生承担相应的后果

仅仅要求学生自己完成学习任务是远远不够的,你还必须让他们为完成学习任务担当起相应的责任。也就是说,如果学生没完成他们的学习任务,你就得让他们承担相应的后果,只有这样才能更好地促进他们以后的学习。

话虽如此，但是……要是相应的后果不起作用怎么办呢？

一个学生在选择承担了后果后，并没有改变他的行为，但这并不意味着相应的后果不起作用。学生总是偏向于选择承担后果，而不愿意完成任务。但是，如果你始终如一地让他们承担相应的后果，总有一天，你可以帮助学生明白积极主动地完成任务比承担后果要好得多，这样他们在今后的学习中就能做出更好的选择。按照如下的办法你可以让学生更有可能做出更好的选择。

- 确保学生承担的后果和他们的行为有着直接的、相应的联系。
- 在实施这些相应的后果时，请保持前后一致。
- 不要陷入和学生的权力斗争。相反，要平静而坚定地让他们承担这些后果，不要和学生争执。把谈话的重点放在学生的行为和选择上，而不要针对学生本人。

让学生承担相应的后果是用来帮助学生对他们自己的行为和选择负起责任，它和惩罚有着本质的区别。惩罚的权力来自于老师的权威，而不是学生自己形成的认识，惩罚所传达的信息是老师必须管理学生的行为，惩罚能够暂时性地压制学生的不恰当行为，但是它并不能将学生引向今后更令人满意的行为和选择。

我们认为让学生承担某些后果是为了让他们更有责任心，但是课堂中很多的后果看起来似乎符合逻辑，其实本质上却在无形之中给予了学生不完成功课的借口，这些后果常常使得学生更加不负责任。

举个例子来说，如果学生上课的时候没有带文具——铅笔、计算器等,那么,我们大部分老师会做出如下反应:要么警告他们,然后当其他人在做功课的时候允许他们坐在课堂里;要么把他们叫到办公室;要么给他们完成任务所需的文具。无论作何反应,我们都会比学生更加辛苦。

一个更好的选择就是让学生承担忘带文具的相应后果,坚定地让学生对自己的行为负责。你可以按照罗伯特·麦肯齐博士所建议的那样,在教室里建立一个租赁中心,如果他们忘了带相关的物品,那么在上课的时候他们可以用自己珍贵的东西作抵押,来交换它们。如果学生能在放学后主动清理课桌或者擦黑板,那么他就可以拿回自己那件珍贵的物品。这样你就有效地让学生为解决自己的问题担负起了责任,在以后的日子里,他们忘记带东西的几率会越来越小。

如果学生不交家庭作业或者不完成他们的课堂作业,通常,老师让学生承担的后果就是得零分,然而零分这样的后果并不能让学生为自己的学习负起真正的责任。如果学生的学习任务是学习相应的知识,那么让他们承担起与学习知识相关的责任才是至关重要的。与其给学生一个零分,不如让学生在放学后或者在休息时间完成自己未完成的学习任务。这样做的目的不是为了惩罚学生,而是为了让学生履行他们的义务。在学生完成任务的过程中,老师需要及时为学生提供帮助和支持。

老师也要学会放手

"我教的那些小孩毫不在乎自己的学习。"珍妮丝叹气道,她是一所高中语文老师,正在参加我的一个专题讨论会。

"你为什么认为他们不在乎呢?"我问道。

"无论我怎么努力让他们融入课堂,他们都是一副无所谓的样子。上课的时候,不注意听讲。课后不完成家庭作业。他们根本就不在乎学习。"

我坐到她身边:"你能给我举个例子吗?"

"好吧,我上个星期给学生进行了一次阅读考试。花了几个小时的时间给学生评分,并且分析了他们的成绩。当我把试卷发给学生的时候,他们几乎没有正眼看一眼。我发现在快要下课的时候,一个学生甚至把试卷扔进了垃圾桶里。我这么辛辛苦苦地传授给他们不论在社会上还是生活中都能够帮助他们的知识,但是他们就是满不在乎!"

"我明白你的挫折感,珍妮丝。我们何不找找原因呢?"

尽管有点迟疑,但是珍妮丝还是同意了,我感觉得到她确信问题出在学生身上,而不是她身上。我同情珍妮丝,像她这样的老师还有很多。她们真心实意地想看到学生能够学好,她们十分努力地工作。每次看到她们的努力遭遇的却是学生无动于衷,我都会感到非常沮丧。

我问珍妮丝她是如何对学生介绍这次考试的。

"我告诉他们,这次考试可以帮助他们找到自己在阅读方面的优势和弱点。"

"很好。"我鼓励她说,"听起来你帮助他们找到了考试与学习之间的联系。可以告诉我一些关于这个考试本身的东西吗?"

"这是一次很好的考试。"她说得很起劲,"试卷上不仅有一些随机选择题,而且有一些有趣的阅读文章,考查学生的阅读能力。这就是我认为他们会喜欢这次考试的原因。"

"好的,这听起来好像考查了学生是否能够运用他们所学的知识。跟我讲讲你给学生成绩的这个过程吧。"

珍妮丝描述了整个过程："好的,首先我花了两天时间准备考试试卷,一个半小时对学生进行考试。然后,又花了两天时间给他们的试卷评分和分析考试结果,花了几个小时把对每个学生的成绩分析打印出来,把学生的试卷、成绩分析单发给了他们。最后,我花了几个课时和学生单独进行谈话,向他们说明他们的得分情况,帮他们设定以后的阅读目标。"

"你的学生做了什么?"我问道。

"你这么说是什么意思?"

"我的意思是你告诉我的都是关于你所做的事情。我只是想知道你的学生做了什么。"

"嗯,他们得参加这次考试。"她说。

"好的,还有吗?"

"还有,他们要阅读这次考试的成绩和分析。"

"好的,还有没有?"

"他们得单独和我们谈话,设定学习目标。"

"就这些?"我问道。

珍妮丝疑惑地看着我,说道:"是呀,就这么多。怎么了?"

"让我们来看一看。你让学生进行考试,分析考试结果,为每个学生写好考试分析,然后和每个学生进行谈话。对吧?"

她点了点头:"是的。"

"你的学生参加了考试,然后和你们谈话。"

"是的。"

我看着她:"珍妮丝,谁做了大部分工作呢?"

珍妮丝久久地望着我。然后她摇着头大笑起来:"我错了,在整个过程中,我一直在替学生完成他们需要完成的学习任务。但是,罗宾博士，我不觉得这是我的问题。我的学生并不想完成更多的任务呀。"

"你试过了没有？"

"他们不完成我布置的任务。那我又何必再多给他们布置更多的任务呢？"

"看看你给他们的这些任务。你真正要求他们做的是什么？他们参加了你给他们安排的考试。他们收到了考试成绩。他们被告知要设定学习目标。这都是非常被动的。如果他们有机会在他们的学习中担任一个更为主动的角色，情况会怎样呢？"

"你说的是什么意思？"

"好吧，如果你没让学生被动地接受考试结果，如果你告诉他们如何分析他们自己的成绩，情况会怎样呢？如果你和他们谈话的时候，你要求他们解释自己对考试结果的看法，然后告诉你他们需要做些什么来提高自己的阅读水平，情况会怎样呢？"

珍妮丝想了想："嗯，我想我可以让他们告诉我他们为自己设定的学习目标是什么，而不是让我来给他们设定阅读目标。"

"我打赌你可以找到几个办法让学生自觉地完成自己的学习任务。"

珍妮丝查看了她接下来的课程，并在那天晚上制订出了一个计划。

一年以后我和珍妮丝谈论起这件事。她说："那并不是一个神奇的办法，有时学生对他们的学习内容感到非常兴奋，有时会缺乏兴趣，但是我没有像以前那样再替他们完成任务了，放手一些任务对我来说真的有点困难，但当我给他们布置任务时，我会督促学生去完成属于他们自己的任务。在我把握了这中间的平衡之后，我感觉到学生对他们的学习更有责任心了。"

Tips
教学小贴士

1. 请明确你的任务是什么，学生的任务又是什么。

2. 不要把你的任务强加给学生，也不要替学生完成他们需要完成的学习任务。

3. 让学生学会承担责任，不要替他们解决问题，而要帮助他们获得解决问题的方法。

4. 让学生为自己的行为承担相应的后果。

第 8 章

如何成为高效能教师

> 问题不是因为我们知道的不够多——而是因为我们没有按照我们所知道的那样做。我们没有按照那些原理和惯例行事,没有改善它们,也没有运用它们,而实际上它们是老师们众所周知的东西。
>
> ——迈克·施莫克

轻松教学的真谛

在我的一次教师讨论会上,我走到一组数学老师面前。他们正忙着制订一个单元的教学计划。

一个老师说:"等一下,为了让学生有更优异的表现,在设定这个目标之前,我们必须确定学生是否能理解题目的意思。"

其他的老师们停了一下,想了想这位老师说的话。

"迈克,你说得对。"另一个老师说,"也就是说,我们必须确保孩子们能理解题目的意思。这样的话,如果他们考试不及格,我们就可以肯定是因为他们没有掌握学习目标。"

我暗自笑了。我想,他们获得了成为高效能教师的天赋,并明白了轻松教学的真谛。

* * *

我去视察了利萨所教的二年级,利萨决定利用反馈来辅助学生取得更好的成绩,她想要我去看看她已经取得的进步。她刚刚开始上课的时候,我走进了教室,在后面的一个座位上坐下。"好的,同学们。"为了引起学生的注意,利萨拍着手说道,"我打算把你们最近的词汇考试试卷发给你们。请拿出你们的成绩记录本,将你们的成绩记录在图表上。如果10个单词里面写对了10个,那你在哪里用圆点标出啊?"

"在10那里!"学生们异口同声地答道。

"很好。"她笑着给学生分发试卷,"现在,如果你在这次考试中错了3个单词,甚至更多,那么在今天的学习时间里,你就得在词汇方面多花一些工夫。如果你错了不止5个单词,那么你就得和我做一个约定。"当学生把他们最近的分数绘入"学习增长图表",并且大声欢呼"我有进步!""看,我的线条在上升!"的时候,我笑了。

我想,她获得了成为高效能教师的天赋。她正确地领会了轻松教学的诀窍。

* * *

"我只是希望自己可以尽快地取得成功。"杨茜静叹口气说。杨茜静是一位新老师,刚刚加入我举办的关于轻松教学理念的专题研讨会,我们在一起制订她的行动计划。

"杨茜静,记得要关注过程,而不是结果。"我提醒她。

"我知道。我一定会重视自己的教学计划,精心备课。我希望自己能成为一位高效能教师!"

我笑了,浏览了一下她的行动计划。她已经写了几个重要的步骤,这可以使她达到更高的水平。我心想如果她能把计划坚持下去,那么她就会取得胜利。

我想她获得了成为高效能教师的天赋,也明白了教学只需精心计划,就一定可以很简单,很轻松。

* * *

在这本书的开头,我就提出了一个观点——任何老师都可以成为一位高效能教师。尽管有的老师看起来似乎天生就是高效能教师,但实际上并非如此。那些看起来天生就是高效能教师的老师们只是更好地运用了优秀的教学原则,懂得了轻松教学的诀窍。他们坚持不懈地坚持了很长时间,所以看起来像是天生的。

成为一名高效能教师并不是一夜之间就会发生的事情。你不可能读完这本书之后,马上就变成一名高效能教师。你有艰巨的任务需要完成,而这个任务又相当有难度,它需要花费很多的时间,它做起来既不容易,也不轻松,更不随意,因此要想成为一名高效能教师就必须坚持不懈、持之以恒地集中精力教学。

有的时候,即使你努力了,但从表面上看却没有产生任何的变化,似乎你没有取得任何进步。在这些时候,你更要坚持下去。这个坚持的过程就像是养花的经历。你在秋天种下球茎,整个冬天似乎没任何动静。但是,春天一来,几乎是一夜之间,遍地都是郁金香和水仙迸发出的幼芽。在整个冬天的时间里,好像什么事情都没有发生,没有绿色的嫩芽从泥土中伸展出来,甚至没有任何生命的迹象。但是在那个小小的球茎里面却发生了巨大的变化,它在为春天的绽放储备着力量。要是在春天到来之前我就将这些球茎挖出来,那么我将不可能看到这些绚丽的花朵。这样的过程同样也适用于每一位高效能教师的成长历程。

你可能会觉得你没有时间耗在这个漫长的过程中。你只想马上就有突破。你面临着来自外在的压力,要求你现在就有所提高。然而,如果你想要成为一名高效能教师，你就得做好心理准备，抵制这些压力，坚持不懈地运用成为高效能教师的方法。

有些老师想突然之间就从一名新教师变成一位高效能教师。我理解这种强烈的愿望。你可能受到外在压力的影响，或者你内心认为自己没有时间经历那些麻烦的过程，又或者循序渐进的改变很是无趣。但是，朝着优秀迈进就是一个积累的过程。你不可能一夜之间就取得巨大的飞跃，因为成为高效能教师的唯一途径就是保持不断努力。

坚持的力量

成为一名高效能教师真的不是什么秘密，只需要始终如一地运用这些轻松高效的教学原则。尽管沿着这个轨迹可以很快地前进，但是你依然不能马上就成为一名高效能教师。成为高效能教师需要时间和实践，而且对每个老师来说，成为一名高效能教师所经历的路径都是不一样的。

对于高效能教师来说，他们面临的挑战不再是如何更好地实践这些轻松的教学原则，而是如何长期坚持这些原则。成为高效能教师的这条道路并不平坦。途中会有失误和困难。接下来的建议可以帮助你成功地应对这些你必须要面对的挑战，并且成为一名真正的高效能教师。

与搭档共同进步

在同事中，找一个有责任感的搭档，和这个同事一个星期碰一次面，相互回顾你们在教学中所取得的进步。只要你坚持定期向他汇报你所取得的进步，就可以帮助你对自己的教学计划负起责任。

尽管你的搭档可能会在你遇到困难的时候给你建议，但是他的角色并不是指导你，而是问你一些探究性的问题，比如，"你为什么没有像你所想的那样取得那么多进步？"或者"看起来你好像成功地度过了一周，你这个星期做了什么不一样的事情，你能把这一改变归功于什么呢？"这些问题可以帮助你对自己的进步进行反思，促使你遵循自己的教学计划。搭档的积极反馈还可以在一定程度上增强你的教学信心。

寻求导师的帮助

找到一位可以训练你成为高效能教师的导师。在挑选导师的时候，你可以挑选某个已经是高效能教师的前辈，对你进行常规训练。如果你目前正在研究某种教学方法，你也可以找到一个特别精通这个方法的人，让他为你提供具体的训练。你需要和导师经常碰面，在制订某个教学计划的时候，要真诚地向导师请教。当你在执行教学计划遇到困难时，要及时向导师寻求帮助和支持。在取得进步时，要请求导师帮助你分析进步，并制订下一步计划。

做真正的自己

为了能让你完全将这些原则纳入教学过程，你需要找到适合自己的方法。就拿反馈这个方法来说吧，有的老师可能会对每个学生的试卷写一份极其详细的反馈；有的老师可能写的反馈信息很少，但是会在每次考试之后找学生谈话，并根据学生的表现设定下个单元的课程目标；有的老师可能会用红笔在学生试卷上错误的地方写上评语，以此作为反馈。这些老师所采用的方法都是最适合他们自己实际教学情况的方法。

如果想要知道如何以一种最适合的方法来进行教学，你就要想一想自己的课堂实践。当然在教学实践中你会不断地调整你的教学方法，久而久之，你的教学也会越来越成功。

也许你会想：有些教学实在是没效果，因此需要彻底的改变。或者，你看这本书是因为你打算在你自己的教学实践中进行一次彻底的改变。但是，我在这里要告诉你的是，马上进行彻底的改变是不现实的。每年都有很多人信誓旦旦地说要彻底改变他们的生活，但是一段时间过后，大多数人又在重复他们之前的生活方式。想要马上进行彻底的改变不仅注定了你会失败，通常还会让你对改变产生怀疑。因此，在教学上持续地坚持小的改善也许是一种最为有效的方式。

一步一个脚印

想要进行彻底的改变会令人难以应付。与其一次性进行大的改变，我建议你不如按部就班地调整自己的教学方式。并不是我不希望你目标高远，我只是希望你持之以恒地做你力所能及的事情，这样才更有可能做出更有利于你教学的改变，并将这些改变真正变成你实践中的一部分。

做真正紧要的事情

高效能教师通常有很强的执行能力，他们会主动做很多事情，但同样重要的是，他们也懂得适时停止那些不应该做的事情。

我会给你一点时间来理解这句话。是的，这句话的意思也就是说，你必须停止那些有趣的但是不能帮助学生真正掌握课程目标的任务。你不能再将学生没有完成任务归咎为学生很懒，这意味着你必须督促学生自觉地承担大部分的学习任务，而不是你去替他们完成。只有这样，你才能有更多的时间来做那些真正紧要的事情。

真正的改变需要时间

如果你是在寻找速成之法，那么我很抱歉地告诉你，没有。不论谁曾向你做出什么样的承诺，我敢肯定的是，一天甚至一个月的时间之内不可能产生持久的改变。只有经过时间的考验，你的这些改变才会慢慢成为你实践中不可分割的一部分，你在教学工作中所做出的调整也才会变得更有价值。

如同所有的学习需要过程一样，成为一个高效能教师同样也需要过程。即便你步入了高效能教师的行列，为了提高你的教学实践，你仍旧有很多事情要做。

作为老师，我们永远都不能停止学习。如果我们自己都没有亲身实践终生学习这一理念，我们如何期望自己能够激发学生终生学习的兴趣呢？成为高效能教师的关键在于要关注过程而非最终的结果。

结 语

高效的老师会让学生成为高效的学习者

有人认为，成为一名高效能教师需要刻苦地工作，我非常理解这样的想法。但是，我认为那些让自己一直没有长进、处于中等水平的老师并不比高效能教师轻松。我觉得原地踏步实际上更加辛苦。

很多时候，我们在参加一个教学研讨会或者阅读一本书之后，总会心血来潮地将所学到的教学策略急忙运用到自己的教学中去。辛苦工作了几天或者几个星期之后，结果却并不如人意。于是，我们要么尝试新的教学方法，要么认为无计可施了，然后继续无奈地面对同样的挫折，被同样的挑战所压垮。

如果我们不急于为了争取更好的结果而盲目地寻求努力，而是耐心地深入寻找有效的方法，情况会如何呢？如果我们知道自己现在做的很多事情都是无用功，那么下定决心做些有效且不一样的事情，情况又会如何呢？毫无疑问，我们的工作会变得更高效、更轻松、更有回报。

尽管"我们的工作是最有意义的"这样的话总在耳边响起，但有时我们的感觉却并非如此。我们夜以继日地工作，却收效甚微，我们会觉得自己的工作总是徒劳无功。

你必须充分相信教师这一角色的重要性，充分关心你正在从事的工作，充分关爱你的学生，永远对你的工作充满热情，这样才能出色地完成教学，竭尽全力给孩子最好的教育。

对教学充满热情的人更容易成为一位高效能教师。热情是让我们下决心改善教学策略的动力，它鼓舞我们耐心地忍受微小进步，勉励我们面对重重阻碍仍然坚持初衷。

你为什么要成为老师？我确信是因为你想对孩子们的生活产生积极的影响。如果你坚持高效的教学原则和教学理念，并付出百分之百的努力，那么你就会成为一名高效的老师，你的学生也会成为高效的学习者。在你的课堂上，他们会觉得自己更受重视，更有认同感。他们会积极地尽自己最大的努力学习，会对自己的学习和任务有更强的责任感。他们会从成功和失败中总结经验，更好地改善自己的表现。

最终，你也会送给学生一份珍贵的礼物——高效的教学，学生会因为你的教学而有更出色的表现。

"常青藤"书系—中青文教师用书总目录

书名	书号	定价
特别推荐——从优秀到卓越系列		
从优秀教师到卓越教师:极具影响力的日常教学策略(入选浙江省教师节用书)	9787515312378	33.80
从优秀教学到卓越教学:让学生专注学习的最实用教学指南	9787515324227	32.00
从优秀学校到卓越学校:他们的校长在哪些方面做得更好	9787515325637	33.80
卓越课堂管理(中国教育新闻网2015年度"影响教师的100本书")	9787515331362	68.00
名师新经典/教育名著		
如何当好一名学校中层:快速提升中层能力、成就优秀学校的31个高效策略	9787515346519	29.00
像冠军一样教学:引领学生走向卓越的62个教学诀窍	9787515343488	49.00
像冠军一样教学2:引领教师掌握62个教学诀窍的实操手册与教学资源	9787515352022	68.00
如何成为高效能教师(美国最畅销教师用书,销量超过350万册,最专业、最权威、最系统的教师培训第一书)	9787515301747	89.00
给教师的101条建议(第三版)(《中国教育报》"最佳图书"奖)	9787515342665	33.00
改善学生课堂表现的50个方法(入选《中国教育报》"影响教师的100本书")	9787500693536	23.80
改善学生课堂表现的50个方法操作指南:小技巧获得大改变	9787515334783	29.00
优秀教师一定要知道的17件事(美国当前最有影响教育畅销书作者全新力作)	9787515342726	23.00
美国中小学世界历史读本/世界地理读本/艺术史读本	9787515317397等	106.00
美国语文读本1-6	9787515314624等	252.70
和优秀教师一起读苏霍姆林斯基	9787500698401	27.00
快速破解60个日常教学难题	9787515339320	33.00
美国最好的中学是怎样的——让孩子成为学习高手的乐园	9787515344713	28.00
建立以学习共同体为导向的师生关系:让教育的复杂问题变得简单	9787515353449	33.80
教师成长/专业素养		
你的第一年:新教师如何生存和发展	9787515351599	33.80
教师精力管理:让教师高效教学,学生自主学习	9787515349169	28.00
如何使学生成为优秀的思考者和学习者:哈佛大学教育学院课堂思考解决方案	9787515348155	39.80
反思性教学:一个已被证明能让所有教师做到最好的培训项目(30周年纪念版)	9787515347837	49.00
凭什么让学生服你:极具影响力的日常教育策略(中国教育新闻网2017年度"影响教师的100本书")	9787515347554	28.00
运用积极心理学提高学生成绩:品格教育校本计划(中国教育新闻网2017年度"影响教师的100本书")	9787515345680	39.80
可见的学习与思维教学:让教学对学生可见,让学习对教师可见(中国教育报2017年度"教师最喜爱的100本书")	9787515345000	29.80
可见的学习与思维教学:成长型思维教学的54个教学资源:教学资源版	9787515354743	36.00
教学是一段旅程:成长为卓越教师你一定要知道的事	9787515344478	39.00
安奈特·布鲁肖写给教师的101首诗	9787515340982	35.00
万人迷老师养成宝典学习指南	9787515340784	28.00

	书名	书号	定价
	中小学教师职业道德培训手册：师德的定义、养成与评估	9787515340777	32.00
	成为顶尖教师的10项修炼（中国教育新闻网2015年度"影响教师的100本书"）	9787515334066	35.00
★	T.E.T. 教师效能训练一一个已被证明能让所有年龄学生做到最好的培训项目（30周年纪念版）（中国教育新闻网2015年度"影响教师的100本书"）	9787515332284	39.00
	教学需要打破常规：全世界最受欢迎的创意教学法（中国教育新闻网2015年度"影响教师的100本书"）	9787515331591	33.00
	高效能教师如何带领学生取得优异成绩（中国教育新闻网2015年度"影响教师的100本书"）	9787515328980	39.00
	10天卓越教师自我培训（教育家安奈特·布鲁肖顶尖卓越教师培训教材）	9787515329925	29.00
	给幼儿教师的100个创意：幼儿园班级设计与管理 / 为幼升小做准备	9787515330310等	58.00
	给小学教师的100个创意：发展思维能力	9787515327402	29.00
	给中学教师的100个创意： 如何激发学生的天赋和特长 / 杰出的教学 / 快速改善学生课堂表现	9787515330723等	87.90
	以学生为中心的翻转教学11法	9787515328386	29.00
	如何使教师保持职业激情	9787515305868	29.00
★	如何培训高效能教师：来自全美权威教师培训项目的建议	9787515324685	32.00
	良好教学效果的12试金石：每天都需要专注的事情清单	9787515326283	29.90
★	让每个学生主动参与学习的37个技巧	9787515320526	28.00
	给教师的40堂培训课：教师学习与发展的最佳实操手册	9787515352787	39.90
	提高学生学习效率的9种教学方法	9787515310954	27.80
★	优秀教师的课堂艺术：唤醒快乐积极的教学技能手册	9787515342719	26.00
★	万人迷老师养成宝典（第2版）（入选《中国教育报》"2010年影响教师的100本书"）	9787515342702	29.00
	高效能教师的9个习惯	9787500699316	23.00
★	好老师可以避免的20个课堂错误（入选《中国教育报》"2010年影响教师的100本书"）	9787500688785	21.50
	爱·上课：麻辣教师调教"天下第一班"的教育奇迹（李希贵、窦桂梅推荐）	9787500693383	29.00
课堂教学/课堂管理			
	积极课堂：如何更好地解决课堂纪律与学生的冲突	9787515354590	38.00
	设计智慧课堂：培养学生一生受用的学习习惯与思维方式	9787515352770	39.00
	追求学习结果的88个经典教学设计：轻松打造学生积极参与的互动课堂	9787515353524	39.00
	从备课开始的100个课堂活动设计：创造积极课堂环境和学习乐趣的教师工具包	9787515353432	33.80
	老师怎么教，学生才能记得住	9787515353067	48.00
	多维互动式课堂管理：50个行之有效的方法助你事半功倍	9787515353395	39.80
	智能课堂设计清单：帮助教师建立一套规范程序和做事方法	9787515352985	49.90
	提升学生小组合作学习的56个策略：让学生变得专注、自信、会学习	9787515352954	29.90
	快速处理学生行为问题的52个方法：让学生变得自律、专注、爱学习	9787515352428	39.00
	王牌教学法：罗恩·克拉克学校的创意课堂	9787515352145	39.80
	让学生快速融入课堂的88个趣味游戏：让上课变得新颖、紧凑、有成效	9787515351889	39.00
★	如何调动与激励学生：唤醒每个内在学习者（李希贵校长推荐全校教师研读）	9787515350448	39.80
	合作学习技能35课：培养学生的协作能力和未来竞争力	9787515340524	45.00

	书名	书号	定价
	基于课程标准的STEM教学设计：有趣有料有效的STEM跨学科培养教学方案	9787515349879	68.00
	如何设计教学细节：好课堂是设计出来的	9787515349152	39.00
	15秒课堂管理法：让上课变得有料、有趣、有秩序	9787515348490	33.80
	混合式教学：技术工具辅助教学实操手册	9787515347073	39.80
	从备课开始的50个创意教学法	9787515346618	29.00
	中学生实现成绩突破的40个引导方法	9787515345192	33.00
	给小学教师的100个简单的科学实验创意	9787515342481	39.00
	老师如何提问，学生才会思考	9787515341217	33.80
	教师如何提高学生小组合作学习效率	9787515340340	29.00
	卓越教师的200条教学策略	9787515340401	35.00
	中小学生执行力训练手册：教出高效、专注、有自信的学生	9787515335384	33.80
	从课堂开始的创客教育：培养每一位学生的创造能力	9787515342047	33.00
	提高学生学习专注力的8个方法：打造深度学习课堂	9787515333557	35.00
	改善学生学习态度的58个建议	9787515324067	25.00
★	全脑教学：影响全球300万教师的教学指导书（中国教育新闻网2015年度"影响教师的100本书"）	9787515323169	38.00
★	全脑教学与成长型思维教学：提高学生学习力的92个课堂游戏	9787515349466	39.00
★	哈佛大学教育学院思维训练课	9787515325101	36.00
	完美结束一堂课的35个好创意	9787515325163	28.00
	如何更好地教学：优秀教师一定要知道的事（被英国教育界奉为圣经的教学用书）	9787515324609	36.00
	带着目的教与学	9787515323978	28.00
★	美国中小学生社会技能课程与活动（学前阶段/1-3年级/4-6年级/7-12年级）	9787515322537等	153.80
	彻底走出教学误区：开启轻松智能课堂管理的45个方法	9787515322285	28.00
	破解问题学生的行为密码：如何教好焦虑、逆反、孤僻、暴躁、早熟的学生	9787515322292	36.00
★	在普通课堂教出尖子生的20个方法：分层教学	9787515321868	29.90
	13个教学难题解决手册	9787515320502	28.00
★	让学生爱上学习的165个课堂游戏	9787515319032	39.00
	美国学生游戏与素质训练手册：培养孩子合作、自尊、沟通、情商的103种教育游戏	9787515325156	36.00
	老师怎么说，学生才会听	9787515312057	28.00
	快乐教学：如何让学生积极与你互动（入选《中国教育报》"影响教师的100本书"）	9787500696087	29.00
★	老师怎么教，学生才会提问	9787515317410	29.00
★	快速改善课堂纪律的75个方法	9787515313665	28.00
★	教学可以很简单：高效能教师轻松教学7法	9787515314457	39.00
★	好老师应对课堂挑战的25个方法（《给教师的101条建议》作者新书）	9787500699378	25.00
★	好老师激励后进生的21个课堂技巧	9787515311838	23.80
★	开始和结束一堂课的50个好创意	9787515312071	29.80
	好老师因材施教的12个方法（美国著名教师伊莉莎白"好老师"三部曲）	9787500694847	22.00
★	如何打造高效能课堂（美国《学习》杂志"教师必选"奖，"激励教师组织"推荐书目）	9787500680666	29.00

	书名	书号	定价
	合理有据的教师评价：课堂评估衡量学生进步	9787515330815	29.00
	班主任工作/德育		
★	北京四中8班的教育奇迹	9787515321608	36.00
★	师德教育培训手册	9787515326627	29.80
	中小学教师职业道德培训手册：师德的定义、养成与评估	9787515340777	32.00
★	好老师征服后进生的14堂课（美国著名教师伊莉莎白"好老师"三部曲）	9787500693819	25.00
	优秀班主任的50条建议：师德教育感动读本（《中国教育报》专题推荐）	9787515305752	23.00
	学校管理/校长领导力		
	学校管理者平衡时间和精力的21个方法	9787515349886	29.90
	校长引导中层和教师思考的50个问题	9787515349176	29.00
	如何定义、评估和改变学校文化	9787515340371	29.80
	从优秀学校到卓越学校：他们的校长在哪些方面做得更好	9787515325637	33.80
	优秀校长一定要做的18件事（入选《中国教育报》"2009年影响教师的100本书"）	9787515342733	26.00
	构建杰出学校的7个杠杆	9787515324319	39.00
	学科教学/教科研		
	《道德经》妙解、导读与分享：拨云见日，勘破天地智慧 深入浅出，揭示亘古真理》（诵读版）	9787515351407	49.00
★	人大附中中考作文取胜之道	9787515345567	39.80
★	人大附中高考作文取胜之道	9787515320694	33.80
★	人大附中学生这样学语文：走近经典名著	9787515328959	33.80
	四界语文（中国教育报2017年度"教师喜爱的100本书"）	9787515348483	49.00
	让小学一年级孩子爱上阅读的40个方法	9787515307589	30.00
	让学生爱上数学的48个游戏	9787515326207	26.00
★	优秀小学语文教师一定要知道的7件事（窦桂梅畅销作品）	9787500674139	23.80
	轻松100课教会孩子阅读英文	9787515338781	88.00
	情商教育/心理咨询		
	9节课，教你读懂孩子：妙解亲子教育、青春期教育、隔代教育难题	9787515351056	39.80
★	学生版盖洛普优势识别器（独一无二的优势测量工具）	9787515350387	169.00
	与孩子好好说话（获"美国国家育儿出版物（NAPPA）金奖，沟通圣经"）	9787515350370	39.80
	中小学心理教师的10项修炼	9787515309347	36.00
★	别和青春期的孩子较劲（增订版）（入选《中国教育报》"2009年影响教师的100本书"）	9787515343075	28.00
★	100条让孩子胜出的社交规则	9787515327648	28.00
	守护孩子安全一定要知道的17个方法	9787515326405	32.00
	幼儿园/学前教育		
	幼儿园30个大主题活动精选：让工作更轻松的整合技巧	9787515339627	39.80
★	美国幼儿教育活动大百科：3-6岁儿童学习与发展指南用书 科学／艺术／健康与语言／社会	9787515324265等	600.00
	蒙台梭利早期教育法：3-6岁儿童发展指南（理论版）	9787515322544	29.80

	书名	书号	定价
	蒙台梭利儿童教育手册：3-6岁儿童发展指南（实践版）	9787515307664	25.00
	自由地学习：华德福的幼儿园教育	9787515328300	29.90
★	赞美你：奥巴马给女儿的信	9787515303222	19.90
	史上最接地气的幼儿书单	9787515329185	39.80
教育主张/教育视野			
	教出阅读力	9787515352800	39.90
	为学生赋能：当学生自己掌控学习时，会发生什么	9787515352848	33.00
	如何用设计思维创意教学：风靡全球的创造力培养方法	9787515352367	39.80
	如何发现孩子：实践蒙台梭利解放天性的趣味游戏	9787515325750	32.00
	如何学习：用更短的时间达到更佳效果和更好成绩	9787515349084	49.00
	教师和家长共同培养卓越学生的10个策略	9787515331355	27.00
	如何阅读：一个已被证实的低投入高回报的学习方法	9787515346847	39.00
	芬兰教育全球第一的秘密（珍藏版）（《中国教育报》等主流媒体专题推荐，台湾教育类畅销书榜第一名）	9787515342610	28.00
	世界最好的教育给父母和教师的45堂必修课（《芬兰教育全球第一的秘密》2）	9787515342696	28.00
	杰出青少年的7个习惯（精英版）（中小学图书馆推荐书目、中国青少年必读书目）	9787515342672	39.00
	杰出青少年的7个习惯（成长版）	9787515335155	29.00
★	杰出青少年的6个决定（领袖版）（中小学图书馆推荐书目、中国青少年必读书目、全国优秀出版物奖）	9787515342658	28.00
	7个习惯教出优秀学生（第2版）（全球第一畅销书《高效能人士的七个习惯》教师版）	9787515342573	29.00
	学习的科学：如何学习得更好更快（入选2016年中国教育网2016年度"影响教师的100本书"）	9787515341767	39.80
	杰出青少年构建内心世界的5个坐标（中国青少年成长公开课）	9787515314952	59.00
	跳出教育的盒子（第2版）（美国中小学教学经典畅销书）	9787515344676	35.00
	夏烈教授给高中生的19场讲座（入选《中国教育报》"2013年最受教师欢迎的100本书"）	9787515318813	29.90
★	学习之道：美国公认经典学习书	9787515342641	39.00
★	翻转学习：如何更好地实践翻转课堂与慕课教学（中国教育新闻网2015年度"影响教师的100本书"）	9787515334837	32.00
	翻转课堂与慕课教学：一场正在到来的教育变革	9787515328232	26.00
	翻转课堂与混合式教学：互联网+时代，教育变革的最佳解决方案	9787515349022	29.80
	翻转课堂与深度学习：人工智能时代，以学生为中心的智慧教学	9787515351582	29.80
★	奇迹学校：震撼美国教育界的教学传奇（中国教育新闻网2015年度"影响教师的100本书"）	9787515327044	36.00
★	学校是一段旅程：华德福教师1-8年级教学手记	9787515327945	32.00
★	高效能人士的七个习惯（30周年纪念版）（全球畅销书）	9787515350585	79.00

您可以通过如下途径购买：
1. 书　　店：各地新华书店、教育书店。
2. 网上书店：当当网（www.dangdang.com）、亚马逊中国网（www.amazon.cn）、天猫（zqwts.tmall.com）
　　　　　　京东网（www.360buy.com）、第一街（www.diyijie.com）。
3. 团　　购：各地教育部门、学校、教师培训机构、图书馆团购，可享受特别优惠。
　　购书热线：010-65511270 / 65516873